눈물 가득
희망 다이어리

*이 책은 한국출판문화산업진흥원의 2013년 〈우수출판기획 지원〉 사업 당선작입니다.

눈물 가득 희망 다이어리

지은이 김은혜 · 오선화

이 책의 편집은 박상문이, 디자인은 노영현이, 출력은 거호출력의 박영빈이, 인쇄는 미광원색의 김기창이, 제본은 정성문화사의 강민구가, 종이 공급은 대현지류의 이병로가 진행해 주셨습니다. 이 책의 성공적인 발행을 위해 애써주신 다른 모든 분들께도 감사드립니다. 틔움출판의 발행인은 장인형입니다.

초판 1쇄 발행 2013년 8월 30일
초판 3쇄 발행 2013년 12월 25일

펴낸 곳   틔움출판
출판등록 제313-2010-141호
주소   서울특별시 마포구 서교동 441-13 호원빌딩 4층
전화   02-6409-9585
팩스   0505-508-0248
홈페이지 www.tiumbooks.com   www.facebook.com/tiumbooks

ISBN 978-89-98171-07-0 43810

잘못된 책은 구입한 곳에서 바꾸실 수 있습니다.

틔움은 책을 사랑하는 독자, 콘텐츠 창조자, 제작과 유통에 참여하고 있는 모든 파트너들과 함께 성장합니다.

고통 속에서 삶의 희망을 발견한
열일곱 살 소녀의 투병 일기

눈물가득
희망 다이어리

김은혜 · 오선환 지음

티움

차례

저자의 말 은혜가 전해주는 '오늘의 행복' 이야기, 함께 들어보실래요? 7
엄마의 편지 은혜야, 우리 꼭 천국에서 만나자 12

죽을지도 몰라

나 자신을 위한 실험 23 / 오, 해피데이! 27 / 안경 쓰면 보인다, 직진! 31
아빠의 한숨, 엄마의 눈물 34 / 밥이 모래알 같아 38
핑크색 후드 티셔츠처럼 43 / 나는 꿈이 있다! 46
나는 정말 지금이 좋아요 50 / 긴 하루의 끝에서 54
아빠의 신장이 내 몸에 57 / 소중한 엄마 61
가슴이 콩닥콩닥 뛴다 66 / 울지 마, 은비야 69
수술이 잘못됐나? 72 / 아빠한테 미안해 76

꼭 살 거야

부활을 꿈꾸며 83 / 신장이 없어도 항상 웃는 아빠 86
할머니, 나 안 갈래 89 / 천사 같은 선생님 93
우울증, 하늘나라에서는 안 아프겠지? 96
모두 보고 싶을 거야 100 / 아빠가 사준 중고 휴대 전화 102
좋아질 거야 106 / 수영하고 싶단 말야 108

요동치는 내 서운함 속으로 풍덩! 111 / 내가 사는 이유, 가족 114
나, 어떡하죠? 117 / 철없다, 정말 120
울지마, 내가 더 미안했어 123
나 때문에 늙은 엄마 127 / 기적이 일어날 거야 130
아~ 어지러워 133 / 하나님, 우리 언제 만나요? 136
아빠, 그래도 사랑해 139

엄마 미안해

내 사랑, 미니홈피처럼 143 / 아빠 엄마의 등이 운다 146
김은비, 쫄지 마! 149 / 마음의 그릇 152
꿈같은 졸업 155 / 9만 원짜리 가방 158
새로 태어난 것 같아 161 / 내가 지하실에 갇혀 있다고? 165
언니는 이기주의자야! 168 / 아픈 만큼 성숙해졌나? 171
흔들리는 엄마의 눈동자 175

익숙한 고통

내 몸이 말을 듣지 않아 179
나는 혼자가 아니야 181 / 건강하지 않아도 행복해 183
긍정의 힘 185 / 오늘 내가 죽는다면 188
익숙해지기 싫어 190 / 자라지 않는 키, 늘지 않는 몸무게 193
내게 남은 욕심 한 가지 196 / 짐이 되고 싶지 않아 200

I can do it! 202 / 은비야, 잘 가 204
아픔을 숨기는 웃음이란 방패 207 / 마음, 생각 비우기 209
크리스마스 만큼은 아프지 않았으면 211

 # 나의 희망 다이어리

아파도 우리는 친구야 217 / 병도 친구가 있어 220
대학생이다! 222 / 누군가의 희망이 된다면 225
아빠, 내가 안아줄게 227 / 5리터의 눈물 229
행복한 외식 232 / 안돼, 아빠도 같이 가 235
은비에서 은혜로 238 / 독수리 날개 펴듯 240
해피엔딩을 꿈꾸며 242 / 사랑하는 나의 엄마에게 245
하늘로 보내는 편지 247 / 어쩌면 나는 250

선생님의 편지 사랑을 남기고 간 은혜에게 254

저자의 말

은혜가 전해주는 '오늘의 행복' 이야기, 함께 들어보실래요?

　기분이 아주 엉망이던 어느 날, 택배가 도착했습니다. 택배 기사님께 "현관 앞에 놔주세요!"라고 이불 속에서 소리를 질렀지요. 택배뿐만 아니라 제 기분에 도움이 되지 않는 모든 것을 현관 앞에 방치해두고 싶었습니다.

　돌아보면, 저는 정말 열심히 달렸습니다. 글을 쓰고 싶어서 닥치는 대로 글을 썼습니다. 그 노력이 몇 권의 동화책과 청소년 도서로 출간되었지요. 유명한 작가는 아니지만, 그래도 제법 "작가님!" 하고 불러주는 사람들이 생겼습니다. 그런데 문득 이런 생각이 들었습니다.

　'그동안 내가 뭘 했지?'

　내 마음이 던지는 질문이었지요. 아무리 생각해도 답이 없었습니다. 저작권료가 펑펑 나와서 돈 걱정을 하지 않거나 인지도가 대폭 상승해서 누가 봐도 '작가'이거나 가만히 있어도 출판사 편집자가 전화를 걸어 "오 작가님 하고 책을 계약하고 싶습니다"

하는 일은 없었습니다. 나는 또 얼마나 뛰어야 하는 거지? 내가 그동안 잘 뛰기는 한 걸까? 이런 생각이 무작정 저에게 달려들었습니다.

한나절이 지나고, 이불 속에서 나와 냄비에 물을 부었습니다. 냄비를 가스레인지에 얹고 불을 켰지요. 머리를 질끈 묶고, 장기하의 음반을 구식 오디오에 밀어 넣었습니다. 오디오가 노래를 뱉기 시작할 무렵, 물이 끓어 라면을 넣었지요.

'아, 택배가 왔지.'

나는 그제야 현관문을 열었습니다. 투명 테이프로 무장하고 있는 누런 상자가 눈에 띄었지요. 나는 상자를 들고 와서 테이프를 무장해제시켰습니다. 상자 안에는 다이어리 몇 권과 신명조체가 가득히 프린트된 A4 용지가 뒹굴고 있었지요. 나는 다이어리 한 권을 펼쳐 보고서야 그것이 '은혜의 일기'임을 알았습니다. 지난여름, 이성재 목사님(충남 온양 한올교회 담임)의 강의 중에 우연히 은혜 이야기를 들었습니다.

"은비라는 아이가 있었어요. 천사 같은 아이였지요. 중1 때 만성신부전증에 걸려서 스무 살 때까지 앓다가 천국에 갔어요. 그런데 한 번도 찡그리는 모습을 본 적이 없어요. 항상 웃고 있어 그 모습이 더 마음을 아프게 했지요. 은비라는 이름이 슬프게 느껴져서 은혜라는 이름으로 바꾸고, 대학에 입학하고……. 꿈같은 현실 속에서 행복하게 대학 생활을 하다가 천국으로 떠났어요. 그 아이가 써놓은 일기를 책으로 내주고 싶어요. 그 아이 소원이기도 했고요."

저는 이 이야기를 듣고 가슴이 뛰었습니다. 그 아이의 일기를 책으로 내는 일을 돕고 싶다는 생각이 들었지요. 저는 이 목사님께 제 생각을 전했고, 목사님은 은혜의 어머니와 상의한 후에 저에게 일기 전부를 보내겠다고 말했습니다. 그리고 저에게 '은혜의 일기'가 도착한 것이지요. 저는 바닥에 주저앉아 정신없이 읽기 시작했습니다.

오늘부터 일기를 쓴다. 히히, 기분이 좋다. 그렇지만 사실 진짜 기분은 꽝이다. 어제 새벽, 갑자기 어깨가 아파왔다. 응급실에 가려고 난리를 치다가 다행히 통증이 가라앉았다. 엄마랑 아빠에게 죄송하다. 지금은 그저 그렇게 아프다. 친구들이 수학여행을 떠났다. 나도 같이 가고 싶었는데, 예쁜 추억을 함께 만들고 싶었는데……. 이런 내 기분을 하늘도 아는지, 날씨가 흐리고 컴컴하다. 하지만 힘내자!

은비아! 내가 지금은 많이 힘들지만, 나중에는 안 그럴 거라는 사실을 확신하고 있잖아. 그러니까 항상 웃고 긍정적인 마음을 갖도록 노력하자! 웃고, 힘내자! 스마일 은비!

저는 일기를 읽어 내려가면서 조금 화가 났습니다. 뭐야? 얘, 뭐지? 어떻게 이 상황에서 밝게 웃을 수 있지? 이런 질문이 계속 떠올랐습니다. 그런데 은혜는 제 기분 따위는 아랑곳하지 않고, 일기를 통해 저에게 계속 말하고 있었습니다.

"어떤 상황이든 어떤 고통이 닥치든 그저 내 마음대로 오늘을 행복하게 살래요. 그럼 내일이 오늘이 돼도 행복하지 않겠어요?"

저는 일기를 계속 읽었습니다. 어느새 라면이 퉁퉁 불었지만, 상관없었습니다. 은혜의 일기는 제 식욕을 발로 차 버리기에 충분한 힘이 있었지요. 아프다고, 살고 싶다고 악을 쓰는 일기일 줄만 알았는데 그게 아니었습니다. 분명히 아픈 아이의 일기는 맞는데, 이 아이는 분명히 행복하다고 말하고 있었습니다.

저는 주저앉아 있는 제 모습이 한심해졌습니다. 도대체 뭐가 문제라고, 또 이러고 있는 걸까? 은혜의 일기는 어느새 저를 위로하고 있었습니다. 그리고 갑자기 제가 만났던 청소년들이 떠올랐습니다. 자신의 문제 때문에 죽고 싶다고 말하던 아이가 있었습니다. 대학만 가면 되니까 오늘은 슬퍼도 괜찮다고 말하던 아이도 있었지요. 하나같이 우울했고, 먹구름이 드리운 것처럼 그늘이 진 아이들이 대부분이었습니다. 저는 일기를 읽는 동안 제가 만났던 청소년들에게, 아니 이 땅의 모든 사람에게 은혜의 응원을 들려주고 싶다는 마음이 생겼고, 그 마음은 점점 간절해졌습니다.

"오늘을 행복하게 살아!"

은혜는 줄곧 이 한마디를 전하고 있습니다. 지치지 말고, 불안해하지도 말고, 그저 오늘을 행복하게 살라고 웃으며 이야기하고 있지요. 은혜가 전해주는 '오늘의 행복' 이야기는 그 아이가 미치도록 살고 싶었던 오늘의 소중함을 모르는 저에게, 그리고 오늘이 행복하지 않은 모든 사람에게 가장 좋은 비타민이 될 것입니다.

2013년 8월

오선화

엄마의 편지

은혜야, 우리 꼭 천국에서 만나자

은혜는 1992년 5월 9일 온양 다나산부인과에서 태어났습니다. 갓 태어난 아기가 쌍꺼풀이 진하고 얼굴 윤곽이 또렷해서 의사와 간호사가 정말 예쁘다고 난리였습니다. 아기가 예쁘다니 저도 기분이 좋았고요. 그런데 집에 와서는 고생을 했습니다. 어찌나 울던지 바닥에 아기를 내려놓지 못했거든요. 조금 조용해지면 숨이 멎었나 싶어 숨 쉬고 있는지 확인을 했지요.

은혜가 아장아장 걸어다니고 말을 할 때는 참 많은 사랑을 받았습니다. 얼마나 사랑스럽고 예쁜지 동네 사람들과 친척들의 사랑을 독차지했지요. 유치원을 다닐 때도 선생님들의 사랑을 많이 받고, 한글도 빨리 떼었습니다. 구구단은 여름휴가 때 자동차 안에서 5단까지 가르쳐주었는데, 금방 원리를 알아 앞으로 뒤로 거꾸로 줄줄 외웠습니다. 공부도 잘했을 뿐만 아니라 글짓기대회에서 상을 여러 번 받을 정도로 글짓기도 잘했지요. 무엇보다 성격이 활달하고 명랑해서 마이크 잡고 사회 보는 것을 좋아했습니다. 일곱 살 때 올림픽 체육관에서 사회를 보기도 했습니다. 아산시에서 주관하는 행사였는데, 어쩌면 똑 부러지게 말도 잘하는지 사람들의 칭찬이 자자했지요.

동생이 태어나면 다른 아이들은 질투도 하고, 몰래 꼬집기도 한다는데 은혜는 달랐습니다. 동생이 갓난아기일 때도 동생 머리맡에서 쳐다보고 예뻐서 어쩔 줄 몰라 했어요. "내 동생, 내 동생" 이러면서 사랑해주고, 놀이터에서 놀다가도 누가 동생을 괴롭히면 참지 못하는 야무진 언니였지요. 항상 집에서도 동생만 보면 웃고 껴안고 챙겨주었어요. 동생이 초등학교에 다닐 때 새로운 담임 선생님을 만나면 먼저 선생님에 대한 정보를 알아왔고, 엄마인 저보다 선생님을 만나서 "저희 동생 잘 부탁합니다" 하고 인사를 했어요. 제가 "네가 은선이 엄마까지 다해야 해" 하면서 웃었지요.

팔불출 엄마라고 하겠지만, 내 딸 은혜는 눈이 반짝반짝 빛나고 예뻐서 '내가 어떻게 저런 딸을 낳았지' 하고 생각한 적도 많았어요. 태어날 때는 그렇게 안 먹고 잔병치레하고 울고 그러더니 자라면서는 건강하고 착했어요. 정말 말썽 한 번 부리지 않았지요. 말썽이라고는 딱 한 번 친한 친구 혜진이와 학원을 빼 먹었던 것이 전부였지요.

6학년에 올라가서 만난 이용희 선생님은 은혜를 많이 사랑해 주었어요. 하루는 선생님이 전화를 해서 은혜가 전교 회장을 했으면 좋겠다고 했어요. 은혜도 좋다고 해서 시켰지요. 처음에는 전교 회장만 하는 줄 알았는데, 방송국장과 체육부장까지 다하고 있더라고요. 선거할 때 쉬는 시간에 한 시간씩 유행가 틀어준다고 공약을 세워 그 약속을 지키기 위해 노력하는 모습이 정말 기특했어요. 그런데 6학년 2학기 때, 갑자기 살이 빠지더라고요. 처음에는 대수롭지 않게 생각하다가 계속 살이 빠지니 걱정이 되었어요. 그래서 왜 살이 빠질 정도로 일을 맡아서 몸을 혹사시키느냐고 혼을 냈지요. 그게 병의 시작이라는 건 정말 꿈에도 몰랐어요.

초등학교 졸업식이 되었지요. 은혜는 졸업할 때 답사를 했어요. 답사를 직접 써서 차분한 목소리로 읽는데, 모든 사람이 숙연해졌어요. 감동을 받아서 훌쩍거리는 사람들도 있었지요. 화장을 연하게 하고, 색동저고리에 빨간 치마가 있는 한복을 입었는데 정말 아름답고 예뻤어요.

은혜는 교복이 잘 어울리는 예쁜 중학생이 되었어요. 한올중학교로 배정을 받았지요. 처음에는 학교를 잘 다녔어요. 병을 알기 전이었으니까요. 그런데 그즈음 은혜의 외할머니, 그러니까 저희 엄마를 제가 모시게 되었어요. 당뇨 합병증으로 하루걸러 병원에 가야 했고, 그때 갑자기 악화되어 대소변을 받아내야 하는 상황이었어요. 도와주는 사람 하나 없이 엄마를 병원에 모시고 다니고 집에서는 수발을 다 들어야 하니 무척 힘이 들었지요.

그때 은혜가 학원 다니는 게 힘들고 걸음걸이가 이상하고 힘이 없다고 했지요. 저는 빈혈인가 생각하며, 한 귀로 듣고 한 귀로 흘렸어요. 학교에서 하는 소변검사에서 이상이 발견되어 병원을 가야 한다고 했어도 빈혈이라고밖에 생각하지 않았지요. 그렇게 예쁘게 잘 크고 있는 아이에게 큰 병이 걸렸을 거라고 어떻게 생각을 했겠어요. 저는 외할머니가 나아지면 병원에 가보자고 했어요. 그리고 한 달쯤 흘렀지요. 다행히 엄마의 건강이 좋아졌어요. 엄마는 공주에 있는 집으로 가시고 저는 그제야 은혜를 데리고 병원에 갔어요. 결과를 듣는데, 정말 마른하늘에 날벼락이 이런 거구나 싶었지요.

"하루가 급했는데, 왜 이제야 오셨어요? 만성신부전증인데, 심장까지 좋지 않은 상태입니다. 살 수 없으니 포기하세요."

"무슨 말씀이세요. 우리 딸은 반드시 살 거예요."

저는 반 미쳐 있었지요. 다행히도 은혜는 제 믿음을 저버리지 않았어요. 중환자실에 입원했는데, 하루하루 놀라울 정도로 좋아져서 일반 병실로 옮겼고, 또 서울대학교 병원으로 옮겼지요.

서울대학교 병원으로 옮긴 지 1년 만에 아빠의 신장을 이식하게 되었습니다. 수술 도중에 저를 찾는 방송이 나와 수술실로 갔지요. 은혜에게 아빠 신장을 연결했는데 이상하게 소변이 안 나온다고 했어요. 어린이 병동 응급실로 은혜를 옮기는데 저는 아이가 살 수 있냐고 제발 살려달라고 애원하며 울었어요. 도무지 받아들일 수 없는 현실이었지요. 격리실에 은혜를 눕혀 놓고 아무도 면회도 안 되고 의사들만 왔다갔다 했지요.

"어머니, 걱정하지 마세요. 생명에는 지장 없습니다."

의사는 이렇게 말하며 나를 안심시켰지만, 저는 진정이 되지 않았어요. 그리고 그날 저녁에 은혜 아빠의 병실에 있는데 의사가 찾아왔지요.

"온몸에 피가 터져서 소변이 안 나와요. 아빠 신장이 몸에서 썩고 있는 것 같습니다. 내일 수술해야겠어요."

의사의 말을 듣고 있는데, 제 귀를 의심했지요. 하지만 현실이었어요. 다음 날 네 시간에 걸쳐 수술이 진행되었고, 은혜의 몸속에서 아빠 신장을 떼어냈습니다. 은혜는 다시 격리실에 옮겨졌고, 면회가 되어 들어가 보았더니 코와 입과 손과 발이 다 묶여 있었어요. 저만 알아보더니 곧 큰엄마를 알아보았지요. 그리고 큰엄마에게 "우리 엄마 생일인데 미역국은 먹었나요?"라고 물었어요. 그렇게 은혜는 자기 아픈 것보다 저를 챙기는 효녀였습니다. 일주일 만에 일반 병실로 옮겨 생활하면서도 엄마 마음 아플까봐 아픈 내색 한 번 안했지요. 자신이 아픈 것보다 아빠 신장을 그냥 버렸다는 죄책감으로 정신과 약을 먹었어요. 다시 자기 생애에 이식은 없다고 했지요. 하나님이 고쳐주면 어려운 사람들을 위해 평생을 살겠지만, 구차하게 약 먹으며 다시 이식을 하고 살지는 않겠다고 입버릇처럼 이야기했어요.

"엄마, 내가 아파서 참 다행이야. 아빠, 엄마, 은선이가 아니고 내가 아파서 감사해."

은혜는 늘 이렇게 이야기했어요. 통증이 심할 때는 자신도 모르게 얼굴을 찌푸렸지만, 평소에는 얼마나 밝은지 몰라요. 아프지 않아도 그렇게 밝은 아이는 찾기 힘들 거예요.

은혜는 아픔을 잘 견디고 고등학교를 졸업했습니다. 아프지 않으면 서울대학교에 들어갔을 정도로 공부를 잘했지요. 하지만 갑자기 통증이 오거나 비상사태가 생길 수 있어 집에서 가장 가까운 백석대학교나 나사렛대학교에 지원했어요. 두 군데 다 합격해 선생님을 기쁘게 해주었지요. 집에서 가까운 나사렛대학교를 다니기로 결정하고, 3개월을 꿈처럼 다녔어요.

대학 생활부터는 이름도 바꾸었지요. 은혜의 원래 이름은 은비인데, 제가 그 이름이 슬퍼 보여서 개명신청을 했어요. 은혜도 은혜라는 이름을 좋아해주었고요. 그래서 고등학교 때까지는 은비라는 이름이었고, 대학생이 돼서는 은혜가 된 것이지요. 정말 새 삶을 얻은 것 같았어요.

1학기 성적표가 나왔는데 두 과목이 A+이어서 기뻐했고, 그 외 과목들도 우수한 성적을 받았어요. 특히 원어민 교수님이 은혜를 예뻐해주었고, 영어과 120명 학생 중에서 반장이 되었어요. 장학금을 탈 수 있으니까 등록금 걱정은 하지 말라며 얼마나 해맑게 웃던지……. 그 모습이 아직도 눈에 선하네요.

은혜는 마지막 생일을 맞이하고 나서 아픈 날이 잦아졌어요.

낮에는 괜찮다가도 저녁이면 더 많이 아파했어요. 그렇게 아프고 힘든데도 제가 스스로 깨어나서 들여다보면 모를까, 은혜가 먼저 저를 깨운 적은 없었어요. 가족들이 깰까봐 이불 속에서 혼자 울고 일기 쓰고 성경을 기록하며 견뎠지요.

은혜가 천국에 가던 날은 저도 남편도 다 잠을 자지 못했지요. 어찌나 아파하는지, 제가 대신 아팠으면 하는 생각이 간절했어요. 은혜는 이식수술할 때 서울대학교 병원 목사님이 주신 나무 십자가를 가슴에 대고, 내 손을 꼭 잡고 말했지요.

"엄마, 외할머니도 이렇게 아팠을까? 더 잘해드릴 걸 그랬나봐. 나, 천국 가고 싶다. 가서 외할머니도 만나고 쉬고 싶다."

엄마는 한동안 아프셨다가 나아지셨어요. 그리고 괜찮아지셨다고 믿을 때쯤 또 아프셨지요. 은혜는 엄마를 외할머니에게 빼앗긴 거 같다고 말하기도 했어요. 아무래도 내가 엄마한테만 신경을 쓰는 것 같이 보였으니까요. 엄마는 은혜가 열여덟 살 때 천국에 가셨고, 은혜는 그 이후로 외할머니께 더 잘해드리지 못해 죄송하다는 이야기를 가끔 했어요.

"그런 소리 하지 마."

"엄마, 아빠……. 내가 아파서 힘들게 해서 미안해. 엄마, 아빠 사랑해."

"왜 쓸데없는 소리를 하고 그래……. 엄마가 더 미안해. 엄마가 더 사랑해."

저는 가슴이 찢어질 거 같았어요. 그렇게 이야기를 나누다가 현대아산 병원으로 데리고 갔지요. 먹지도 걷지도 자지도 못하고 아파하는데, 혈액주사라도 맞혀야 할 거 같았어요. 주사를 맞고 있는데 은혜가 그냥 집으로 가자고 간절히 말해서 집으로 왔어요. 의사 선생님은 서울대학교 병원으로 가라고 했는데 은혜는 병원은 싫으니까 집으로 가자고 했지요.

은혜의 말을 거절할 수가 없어서 다시 집으로 돌아와 거실에 눕혔어요. 그랬더니 사람들이 보고 싶다고 했지요. 동생 은선이를 가장 먼저 찾았는데, 그때 은선이가 수학여행을 갔어요. 갑자기 연락하면 은선이가 놀랄 거 같아서 사진을 보여주었지요. 동생 사진을 한참 쳐다보고 울고, 또 쳐다보고 울고 그랬어요. 그다음에는 큰엄마, 시골에 있는 큰언니, 친구 혜진이, 요한이, 미나를 찾았어요. 미나와 영상통화를 시켜주었는데, 고마웠다고 그랬지요. 미나는 "왜 그래, 은혜야. 일어나" 하면서 울었어요.

그동안 기도를 많이 해주었던 안 집사님을 찾아서 안 집사님이 집으로 오셨어요. 안 집사님께 "집사님, 사랑했어요"라고 하더니 저를 보고 "엄마, 사랑해"라고 했어요. 마지막으로 아빠한테 "아빠, 사랑해. 아빠, 열심히 신앙생활 해야 돼. 마지막으로 나 한 번만 업어줘"라고 했어요. 아빠가 은혜를 업고 달랬지요.

"나, 빨리 천국 가고 싶어요."

은혜는 이 한마디를 했고, 잠시 후에 조금 진정이 된 거 같아 이

불에 다시 눕혔어요. 그때, 눈이 감겨진 은혜를 보면서 천국으로 떠났다는 걸 알 수 있었지요.

스무 살, 예쁜 우리 은혜는 그렇게 의젓하게 죽음을 맞이했어요. 아주 평안한 표정으로 떠났지요. 장례식장에는 정말 많은 선생님, 친구, 동창생, 대학 친구가 찾아와 주었어요. 은혜 미니홈피에도 하루에 300명이 넘는 사람들이 글을 남겨주었지요. 감사하고 감사합니다. 특히 서울까지 문병 와주신 정홍채 선생님, 엄마처럼 사랑해주신 김금님 선생님, 엄마의 마음으로 기도해주신 안 집사님, 함께 기도해주신 윤 집사님, 학교 다니는 내내 힘이 되어주신 이성재 목사님과 차은혜 목사님, 정말 감사합니다.

그리고 하나님, 20년 동안 우리 가정에 기쁨과 웃음과 감동을 주는 우리 딸 은혜를 저에게 보내주셔서 감사합니다. 무엇보다 부족한 엄마를 사랑해주었던 내 딸 은혜. 엄마는 너를 정말 사랑하고 사랑했어. 아직도 네가 현관문을 열고 들어올 거 같단다. 엄마는 은혜만큼 지혜롭지 못한가봐. 은혜야, 우리 천국에서 꼭 만나자. 우리 딸, 많이 보고 싶다.

2013년 여름
은혜 엄마 사금순

열네 살

죽을지도 몰라

학교에서 소변검사를 하고 나서 알았다.
내가 만성신부전증이란 병에 걸렸다는 사실을.
하지만 바뀌는 것은 없었다.
나는 여전히 행복한 김은비고, 꿈이 있는 김은비다.

이식수술 전날이다. 난 이젠 본원으로 가게된다. 고모들이 왔고 아빠가
완진이와 오셨다. 콧링거를 달고 침대를 타고 본원으로 갔다.
서7병동 간호사선생님들은 축하해 주셨다. 난 마음이 아프다.
아빠 심정은.. 감히 내가.. 아빠는 2인실 난 1인실이다.

어린이병동과 느낌이나 분위기나 너무 적막이 흘렀다.
간호사선생님이 이것저것을 챙겨서 들어왔다. 수술후 필요한 호흡도구
오늘 할것은 수술을 위한 제모제, 소독, 멸균물, 설사약 등이다
설사약을 3통이나 먹었는데 마치는 줄 알았다. 기전액진이다
그리고 관장. 처음 해보는건데 너무나 힘들었다.
그렇게 새벽이 되고 잠도 잔것같지도 않게 벌써 4시를
향하고 있었다. 그때 서울큰아빠큰엄마 오셨고 언니네 목사님이 오셨고
병원교회 목사님도 오셔서 기도해주셨다 감사했다.
아빠가 7시에 먼저 들어가셨다. 8시이고 난이젠 수술실으로
들어간다. 계속 맘을 굳게 먹었는데 들어가기 전에 갑자기
도망가고 싶었다. 난 결국 엄마에게 울음을 보였다,
마지막에"

나 자신을 위한 실험

"만성신부전증입니다. 하루가 급했는데, 왜 이제야 오셨어요?"

의사 선생님은 별 표정 없이 말했다. 그리고 이제는 늦었다고, 하루라도 빨리 오지 그랬냐고, 지금은 병의 진행을 늦추는 방법 밖에는 없다고 말했다. 평생 투석을 받으며 살아야 하는 병이라는 이야기도 들었던 것 같다. 자세히 기억나지는 않지만, 진료실의 공기까지도 심각해진 느낌이었다. 나는 얼떨떨해서 심각해질 여유가 없었고, 가장 심각해진 건 엄마였다.

"선생님, 무슨 말씀을 하시는 거예요? 우리 은비가 뭐라고요?"

엄마는 갑자기 나타난 도깨비를 보고 어안이 벙벙해진 사람처럼 물었다. 의사 선생님은 그제야 심각해져서 아무 대답도 하지 않았다.

한 달 전에 학교에서 소변검사를 했다. 그리고 이상이 발견되었는데, 엄마는 대수롭게 생각하지 않았다. 물론 나도 그랬다.

"지금은 외할머니 간호하느라 바쁘니까 외할머니가 조금 나으면 병원에 가보자. 별 일 아닐 거야."

"응, 엄마. 알았어."

엄마와 나는 그렇게 아무렇지도 않았다. 그리고 한 달 후에 병원에 와서 우리는 아무렇지도 않았던 그 순간이 정말 미워졌다.

"아무 일도 아닐 거야. 네가 왜 그런 병에 걸려."

"응, 맞아, 엄마. 아닐 거야."

나는 중환자실에 입원해야 한다는 소리를 들었다. 엄마와 나는 또 아무렇지도 않고 싶었다. 하지만 그건 그저 소망일 뿐이었다. 엄마와 눈만 마주치면 눈물이 났다. 어깨가 축 처지고 한숨이 나왔다. 나는 이제 어떻게 해야 하지? 눈앞이 캄캄했다.

중환자실에 입원하고, 일반 병실로 옮겼다가 퇴원을 했다. 그리고 의사 선생님의 권유로 서울대학교 병원에 다녀왔다. 집에 도착하면 그저 기쁠 줄 알았는데, 아무리 밝은 생각을 하려고 해도 잘 되지 않았다.

안 집사님이 오셨다. 안 집사님은 엄마와 함께 교회를 다니는 분이다. 안 집사님은 엄마와 친하고, 안 집사님의 딸 미나는 나와 친해서 우리는 모녀가 다 친한 사이다. 안 집사님은 풀이 죽어 있는 나에게 위로의 말을 해주셨다.

"은비야, 너는 특별하잖아. 지금은 특별한 삶을 헤쳐 나가기에 연약하니까 이런 시련이 있는 거야. 앞으로 많은 고통과 시련을 헤쳐 나가서 멋지게 성장할 거니까, 이렇게 힘든 거야. 지금 단련해서 나중에 정말 중요한 때에 주저앉지 말라고……. 꼭 쓰임 받는 사람이 되라고 말이야."

"네, 저를 바꾸고 싶어요. 아프다는 사실을 알기 전에 저로 돌아가고 싶어요. 제가 정말 특별할까요?"

안 집사님은 미소를 지으며 고개를 끄덕였다. 안 집사님의 이야기를 들으며, 마음을 추슬렀다. 원래 밝고 명랑했던 나답게 생각해보기로 마음먹었다. 그래, 지금의 내 모습으로는 큰일을 할 수 없으니 지금의 고통이 있다고 생각하자. 내가 감정 조절도 버거워한 게 사실이니까. 지금 이대로는 안 된다. 그냥 밝은 척하기는 싫다. 다른 사람이 보기에 걱정 하나 없어 보이도록 내 얼굴에서 희망이 느껴지도록 밝을 거다. 밝은 척하지 말고 진짜 밝은 은비가 될 거다.

또 하나, 중요한 거! 욕하지 말자. 부정적인 말 쓰지 말자. 예쁘고 고운 말을 쓰자. 내가 아프다고 다른 사람에게 상처주지 말자. 긍정적인 사람이 되자. 긍정적인 말을 하고, 밝아지는 거다. 뭐, 잘 안 된다고 해도 노력하는데 손해 볼 건 없지 않나? 자, 이건 나 자신을 위한 실험이다. 내가 어느 정도인지를 알아보자. 내가 생각하는 것보다 좀더 나은 사람이기를 바라며 한번 해보는 거다.

실험에 필요한 주문

"나는 특별하다. 김은비는 최고다."

이 주문을 마음에 새기고 하루 세 번, 아니 생각날 때마다 외쳐야지. 이제 은비야, 너는 그냥 김은비가 아니고 특별한 김은비다. 일주일에 세 번 주사 맞는 것쯤 웃어넘길 수 있고, 쓴 약도 웃으며 먹을 수 있는 거다. 왜? 특별한 김은비니까.

아, 눈물이 나온다. 지금까지 태어나서 이렇게 울어보는 건 처음이다. 실험도 시작하기 전에 나 자신이 무너지려는 걸까? 안돼. 눈물아, 이제 나오지 마. 나는 변할 거야. 강해질 거야. 꼭 특별한 김은비를 만들 수 있도록 노력할 거라고. 이제 들어가, 눈물아. 미안하지만 이제 너하고는 안 놀아. 나는 최고로 특별한 김은비니까.

오, 해피데이!

 오늘은 친구들과 우리 집에서 고기 구워 먹고 놀기로 했다. 다혜, 혜진, 선애, 나 이렇게 넷이 모인다. 준영이가 빠져서 조금 아쉽긴 하지만 약속이 있다니까 할 수 없다. 다음에는 꼭 함께하기를 바라며 아쉬움은 접어야지. 앗, 친구들이 온다. 일기는 이따가 써야겠다.

 친구들이 삼겹살을 3만 원어치 사왔다. 많이 남을 줄 알았는데, 역시 선애와 다혜가 있어서 거의 다 먹었다. 히히, 덕분에 나도 아주 맛있게 먹었다. 그러고도 우리는 부족했던 걸까? 게임을 조금 하다가 파리바게트에 갔다. 더운데 걸어가느라 힘들었지만 보람 있었다. 맛이 짱! 에어컨도 짱! 시원한 곳에서 과일 빙수도 먹고, 치즈케이크도 먹고……. 고기 먹고 배불러서 못 먹겠다더니 또

다 먹었다. 그러고 나서 모두 신이 나 문방구에 갔다. 이것저것 구경하다가 나는 요점정리 할 때 쓰려고 펜을 골랐다.

"우리 아이스크림 먹을까?"

혜진이가 말했다. 우리는 서로 얼굴을 쳐다보다가 킥킥 웃고는 고개를 끄덕였다. 아이스월드에 가서 혜진이가 아이스크림을 사 주었다.

"사실 배는 부른데, 치즈케이크가 좀 느끼했잖아."

혜진이가 아이스크림을 먹으면서 말했다.

"맞아, 맞아."

우리는 맞장구를 쳤다. 아무래도 많이 먹은 것이 창피했던 모양이다.

집에 도착해서도 배가 불렀다. 지금 상태로는 내일까지 굶어도 아무 지장이 없을 것 같다. 히히, 일기를 쓰다 보니 친구들에게 편지를 쓰고 싶다. 우선 여기에도 쓰고 나중에 전해줘야지. 다 나으면 한 명씩 만나서 데이트하자고 해야지. 그리고 예쁜 편지지에 다 옮겨 적어서 줄 거야. 그런 날이 올까? 오겠지? 은비야, 너 꼭 나을 거지? 그래, 약속하자. 꼭 낫는 걸로 약속하는 거야. 잊지 마!

내 영원한 베스트 프렌드, 변혜진에게

고마워 ㅋㅋ 넌 의리 진짜 짱이야! 짜식. 내가 겉으로 표현도 못하고 그러지만 나 너한테 정말로 고맙고 친구로서 사랑해. 아직 내가 많이 안 살아봐서 모르지만 지금으로서는 내 생애에 너는 최고인 친구이고 선물인 베스트 프렌드야. 너랑 영원히 헤어지면 안 되는데……. 안 헤어질 거야. 그치? 나 힘들 때 아플 때 좋을 때 모두 같이 슬픔도 기쁨도 나눠줘서 고맙다.

내 영원한 베스트 프렌드, 연준영에게

지지배, 너랑 나랑 엄청 싸웠는데. ㅎㅎ 고맙다. 맨날 욕하고 가끔은 때리기도 하지만 마음은 그게 아니라는 거. 애정 표현 잘 못해서 그러는 거! ㅋㅋ 내가 누구한테 맞았다면 혜진이처럼 울진 않지만 가서 막 흥분하며 싸워주는 내 멋진 친구! 항상 언니같이 챙겨주고 잔소리도 해서 이상한 친구! 부족한 나 항상 걱정하고 있는 친구! 헤어지기 싫다. ㅋㅋ 사랑해.

내 영원한 베스트 프렌드, 김선애에게

선애야, 나 너에 대해 아는 게 별로 없다. 맨 처음엔 혜진이 때문에 알았지만 지금은 너, 내 친구야! 고맙다. 많이 고마워. 항상 밝은 모습인 널 보고 참 착하다 생각했어. 지금은 아는 게 별로 없지만 *_* 알려줘라~ 알았지? ㅋㅋ 사랑해.

내 영원한 베스트 프렌드, 민이나에게

마음도 여리고 부끄럼도 많이 타고 얼굴도 예쁘고 공부도 잘하고 인기도 많고……. 솔직히 처음엔 질투도 했어~ ㅋㅋ 나쁘지? 근데 이제는 널 닮아가고 싶어! 너 같은 친구가 있다는 게 자랑스러워. 나 아픈데, 아픈 친구 취급 안 해줘서 고마워. 내색은 안하지만 내 뒤에서 걱정해주고 챙겨줘서 고마워. 앞으로 친하게 지내자^^ 넌 이미 나의 영원한 베스트 프렌드야. 나도 너의 영원한 베스트 프렌드가 되고 싶어. 친구……. 그 누구와도 바꿀 수 없는 존재~ 우정……. 소중한 그 마음 ^^*

아, 이제 자야겠다. 졸립다. 나머지 친구들에게는 나중에 쓰고 자야겠다. 히히, 괜히 웃음이 나온다. 오, 해피데이! 오늘은 정말 행복한 날이었다. 친구들아, 사랑해. 우리 영원히 헤어지지 말자.

안경 쓰면 보인다, 직진!

 병원에 실려가고, 투석하고, 치료받고, 입원하고, 퇴원했다. 갑자기 아플지도 몰라서 친구들과 마음껏 놀지도 못했고, 조심해야 하는 음식이 많아 마음껏 먹지도 못했다. 내가 하고 싶은 대로 할 수 없다는 사실을 깨닫고 나니 여름방학이 끝났다. 이제 개학이다. 떨리기도 하고, 설레기도 한다. 잘할 수 있을까, 두렵기도 하다. 많은 생각이 머릿속을 어지럽힌다.

 무더운 여름이 지나고 선선한 가을이 오겠지. 바람이 쌩쌩 부는 겨울도 금방 올 거야. 그럼 우리 모두 추위에 떨겠지. 그때는 내 두려움을 감출 수 있을까? 모두 떨고 있는 틈 사이를 내가 비집고 들어가 있는 거니까, 감출 수 있을 거야. 그런데 겨울도 금방 지나가겠지. 겨울이 지나고 3월이 되면 나는 또 한 학년 올라가

네. 3학년이 되면 어색할 거 같아. 병원 가느라 학교도 잘 못 가서 친구들 사귀기도 힘들 텐데……. 다시 두렵다. 옛 친구들과 헤어질까봐 두려운 건 무엇 때문일까?

김은비! 쓸데없는 생각에서 헤어 나오자. 나는 아자아자! 할 수 있다! 나는 그런 거 따윈 두려워하지 않아도 돼! 나는 혼자가 아니야! 무엇보다도 소중한 가족, 친구……. 무엇보다 제일 내게 희망이신 하나님도 계시잖아. 나 혼자라는 생각에서 벗어나야 해. 그건 말이 안 되잖아.

항상 열심히 약도 먹고, 밥도 잘 먹고, 신경질도 내지 말자! 나의 최대 적은 얼굴 찌푸리며 화내는 것이다. 내 마음에 기쁨과 희망이 없는 모습이 보이는 거야. 그럼 절망이 다가와서 기적을 이룰 수 없잖아. 그건 안돼. 나는 꿈꿀 거고, 기적을 이룰 거고, 희망을 말할 거야.

밝은 모습으로 긍정적인 말을 하며 하루를 시작하는 게 아름다운 거야. 오늘을 행복하게 살면 되잖아. 또 내일이 오늘이 되면 행복하다고 말하면 되잖아. 아직 다가오지 않은 미래를 상상하면서 불안해하는 건 어리석어. 나에게만 세상 끝이 다가오는 게 아니야. 누구나 끝이 있어. 그리고 그게 언제인지 알 수 없어.

김은비! 너는 오늘 또다시 시작이야. 물론 아픔의 끝이 보이지 않는 거 같아 두렵지만, 안경을 쓰면 보인다고 생각해! 아픔의 끝이 선명하게 코앞에 있다고 생각해! 내 안경은 뒤도 옆도 아무 데도 보이지 않고 앞만 볼 수 있어. 뒤도 돌아보지 마. 무조건 달리는 거야. 숨이 차면 걸어가면 되지, 뭐. 오늘을 충실하게 살 거야. 아프다고 다를 건 없어. 아무것도 달라지는 건 없어.

아빠의 한숨, 엄마의 눈물

 엄마와 아빠가 돈 때문에 힘들어한다. 내 병을 치료하는 것 때문에 돈이 많이 들어서 그런 것이니, 내 잘못이다. 엄마와 아빠가 힘들어하면 다 나 때문인 거 같아서 미안하다.
 '나 때문에 돈이 없어서 힘들지? 우리 가족을 내가 이렇게 만들었어. 내 잘못이야.'
 내 마음은 이렇게 속삭였고, 하마터면 그 말을 입 밖으로 뱉을 뻔했다. 하지만 잘 참았다. 그 말을 뱉으면 내 마음은 시원할지 몰라도 엄마는 가슴 아파할 거다. 아빠는 내 눈을 제대로 쳐다보지도 못할 거다. 말 안하길 잘했다. 그래도 미안하다는 말은 하고 싶었는데, 엄마가 뭐가 미안하냐며 울 것만 같아서 말하지 않았다. 나는 정말 많이 미안하지만, 엄마가 울어버리면 내가 버틸 힘이 없을 것 같았다. 보통 사람들은 이해하지 못하려나? 여러 가지 복잡한 생각이 마음을 괴롭힌다. 이 세상에 나 혼자만 있는 것 같은 기분이 든다. 슬프고 외롭다.

"은비야, 아픈 게 너한테는 그냥 모난 성격처럼 하나의 문제인 거야. 너의 삶을 변화시킬 정도의 큰 문제가 아니야."

나에게 위로를 던진다. 그런데 나는 아무런 반응이 없다. 머리가 백지장이다. 그냥 힘이 쭉 빠진다고 할까? 무릎 꿇고 기도를 해도 아무런 감정이 생기지 않는다. 엄마 말대로 나는 하나님께 진심이 아니었던 것 같다. 힘들 때만 하나님을 찾았다.

> 두려워하지 말라 내가 너와 함께 함이라 놀라지 말라 나는 네 하나님이 됨이라 내가 너를 굳세게 하리라 참으로 너를 도와주리라 참으로 나의 의로운 오른손으로 너를 붙들리라.
> 〈이사야〉 41장 10절

서울대학교 병원으로 외래 진료를 받으러 가면서 계속 이 말씀을 되뇌었다. 그런데 좀처럼 마음이 가라앉지 않고 오늘은 왠지 더 떨렸다.

나는 웃으면서 의사 선생님에게 인사했다. 그러나 선생님의 표정이 좋지 않았다. 나는 계속 웃을 수 없었다. 약이 추가될 때마다 의사 선생님의 말씀이 모두 나에게 가시바늘처럼 꽂혔다. 긍정적인 생각을 하려고 노력해도 부정적이고 슬픈 생각이 스쳐서 내 눈을 자극한다. 몸과 가슴에 뭔가 턱 막혀서 소리 한 번 크게 지르면 괜찮을 것 같은데 그럴 수 없다. 쥐구멍이 있다면 들어가 숨고 싶다. 아빠의 한숨 소리와 엄마의 울음소리가 내 마음을 짓누르고 내 목구멍을 막히게 한다. 오늘만 울고 싶다.

이제는 서울대학교 병원이 낯설지 않다. 응급실도, 진료실도, 그 외의 모든 곳도 익숙하다. 예전에는 모두 무섭고 두려웠는데 이제는 그렇지 않다. 손투석을 했지만 괜찮다. 그것마저 익숙하다. 아픔에 익숙해지니 아픈 것을 간혹 잊는다. 하지만 병원 냄새는 싫다. 집에 가고 싶다. 손투석을 했으니 집에 갈 수 있을 거라고 생각했다. 그러나 하일수 교수님이 오셔서 입원을 하자고 하셨다. 심장에 물이 차서 입원을 해야 한다고……. 나는 입원하지 않겠다고 했지만 결국 병실로 왔다.

병실도 익숙하다. 오늘만 울 거고, 오늘만 힘들 거다. 그래, 오늘만 실컷 울자. 그리고 내일부터는 잘 버티자.

"기적은 당신에게도 있습니다."

이승복 아저씨의 자서전에서 이런 구절을 읽었다. 나에게도 기적이 있을까? 그래, 나는 분명히 믿는다. 기적은 존재한다는 것을. 그리고 어쩌면 나는 지금도 기적을 경험하고 있다. 하루하루 학교에 다니면서 살아 있는 내가 바로 기적이라는 것을 알고 있다. 그러나 '완치'라는 기적을 경험하고 싶다.

완치되면 하고 싶은 일

1. 2박 3일 여행

2. 3박 4일 여행

3. 친구들하고 신나게 놀기

4. 먹고 싶은 음식 마음껏 먹기

  완치되면 하고 싶은 일을 적어본다. 무지 많았는데, 막상 적으려니 생각이 나지 않는다. 하지만 꼭 나아서 다 하고 싶다. 친구들은 언제나 할 수 있는 일인데, 나는 완치되어야 가능한 일이다. 정말 가능할 거라고 생각하다가도 주저앉게 된다.

  나도 모르게 주저앉게 될 때가 있다. 이러면 안 되는 줄 알면서도 두려울 때가 있다. 계속 복막투석을 하고, 신장이식수술을 받는 게 아닐까? 이대로 완치되고 싶은데, 이대로 일어나고 싶은데…….

밥이 모래알 같아

 명절이라 자리가 없어서 성형외과 병실로 왔다. 이번에는 동1이 아니라 서7이다. 동1에서 많이 정들었는데……. 정이 들면 이동하고, 또 정이 들면 이동한다. 병원은 낯설지 않은데, 사람이 낯설어 슬퍼진다.

 추석이라 텔레비전에서는 재미있는 걸 많이 한다. 근데 하나도 재미가 없다. 아빠와 은선이까지 병실에 함께 있어서 미안했는데, 다행히도 조금 전에 집으로 갔다. 마음이 조금 놓인다.

 추석이 되면서 설레었다. 시골에 가서 언니와 오빠들과 뛰어놀고 싶었다. 그래서 추석만 기다렸는데, 또 이 모양이 되어버렸다. 설날에도 병원에 있었기 때문에 추석만큼은 친척들과 있기를 바랐는데……. 그래도 이번에는 아예 못간 건 아니었다. 내가 전도

부쳤다. 전을 부치면서 정말 행복했다. 일을 다 하고 누울 때 숨이 차지만 않았어도, 지금쯤 뛰어놀고 있을까?

 KTX를 타고 서울로 오면서 마음이 안 좋았다. 엄마와 아빠를 볼 면목이 없었다. 죄송하다고 한마디 말만 하면 될 텐데 말이 나오지 않았다. 엄마의 한숨 소리가 들렸다. 엄마의 한숨에는 참 많은 것이 담겨 있다. 또 병원에 가는 것이 속상하고, 명절을 함께 치르지 못해서 큰엄마께 죄송하고, 또 얼마나 병원에 있어야 할지 걱정이 되는 마음이 한숨에 담겨 있다. 그래서 엄마의 한숨 소리를 들으면 슬프다.

"은비야, 좀 어때?"

아빠의 목소리가 들렸다. FMC 기계(혈액 투석 여과기)가 있어야 해서 그 무거운 기계를 들고 아빠가 다시 왔다. 나 때문에 쉬지도 못하고, 힘들게 다시 온 아빠의 모습이 슬프다. 죄송해서 아빠 얼굴을 제대로 쳐다볼 수가 없다. 텔레비전에서 재미있는 프로그램이 많이 하고, 아빠가 곁에 있는데 기쁘지 않다. 엄마는 웃고 있어도 내 귀에는 엄마의 한숨 소리가 들린다.

 일요일, 병실을 옮기게 되었다. 새로운 병실에는 나와 같이 아픈 꼬마들이 두 명 있었다. 그래서 그런지 의지가 되었다. 나만 아픈 게 아니구나. 그런 생각은 큰 힘이 된다.

 꼬마의 이름은 방인혜다. 얼마나 귀여운지 모른다. 어른들이 꽉 깨물고 싶을 정도로 귀엽다는 말이 무슨 말인지 몰랐는데, 인혜를 보면 알 것 같다. 말도 잘 알아듣고 잘 웃는다. 많이 힘들 텐데도 웃는다. 계속 울 수 없어 웃는다는 걸 나는 안다.

다른 꼬마는 백윤수다. 윤수는 네 살이다. 그런데 하루에 밥을 한 숟갈도 안 먹으려고 해서 윤수 엄마가 한숨을 쉬었다. 그 한숨 소리가 우리 엄마와 닮았다.

며칠 지내다 보니 옆 병실에 있는 현진이 언니를 알게 되었다. 언니는 열여섯 살이다. 나는 언니가 없어서 그런지 언니가 참 좋다.

우리 엄마와 인혜 엄마, 윤수 엄마와 현진이 언니의 엄마가 다 모였다. 엄마들은 힘든 일을 이야기하다가 또 행복한 일도 이야기했다. 신부전증에 좋은 음식을 나누고, 좋은 습관도 공유했다. 이야기를 나누는 동안 엄마들의 얼굴이 점점 편해졌다. 서로 의지가 되면서 희망이 보이는 거겠지. 내 자식만 이렇게 아픈 게 아니라는 생각이 큰 힘을 준 것 같다.

윤수 엄마와 우리 엄마의 고민이 같았다. 밥을 먹지 않는 거다. 내가 밥을 앞에 두고 먹지 못할 때 엄마의 한숨 소리가 커진다. 나도 안다. 그런데 밥 먹는 건 여전히 힘들다.

아침을 먹으면 '아, 또 점심은 어떻게 먹지?'라는 생각이 든다. 겨우 점심을 먹으면 '아, 저녁은 또 어떻게 먹지?'라는 생각이 든다. 입원을 하고 치료를 받고 약을 먹으면서 식욕이 도망갔다. 언제 어디로 갔는지 알 수만 있다면 달려가서 잡고 싶다. 엄마가 걱정하는 모습을 보면 나도 힘이 든다. 그런데 도무지 무엇을 먹고 싶다는 의욕이 없다.

"뭐 먹고 싶은 거 없어?"

엄마가 걱정스런 얼굴로 묻는다.

"응, 없어."

나는 사실대로 대답한다.

"밥을 먹으면서 별 느낌이 없어도 밥 많이 먹어야 해."

엄마는 한숨을 쉬며 말한다.

"으응. 알겠어."

나는 억지로 대답한다.

정말 밥 먹는 건 쉽지 않다. 엄마는 내 몸을 생각해서 그냥 억지로라도 먹으라고 한다. 나도 그러고 싶다. 그런데 쉽지가 않다. 가끔은 답답해서 소리 지르고 싶다.

'한 번만 생각해보라고! 그게 말처럼 쉬운지 나처럼 이 병에 걸려 보란 말이야!'

이렇게 소리를 지르고 싶은 생각이 든다. 그 정도로 밥이 싫다. 거울을 볼 때마다 나도 밥을 먹어야겠다고 생각한다. 마르고 생기 없는 내가 거울 속에 있다. 내가 아는 김은비가 아니다. 친구들도 같은 생각인지 나를 보면서 이야기한다.

"은비야, 너 진짜 말랐어. 밥 좀 먹어."

나는 고개를 끄덕인다. 정말이지 나도 밥을 먹고 싶다. 살이 쪄서 걱정하는 친구들이 무척 부럽다. 나도 살 때문에 다이어트라는 것도 고민해보았으면 좋겠다. 그런데 그게 안 된다.

오늘도 밥을 못 먹는 나를 보면서 엄마가 한숨을 쉰다. 나는 이 세상에서 엄마의 한숨 소리가 가장 슬프다. 엄마가 원하는 거면 다 들어주고 싶다. 아무것도 해주는 게 없는데, 밥은 그냥 먹기만 해도 엄마가 기뻐할 텐데……. 나는 왜 그것도 해주지 못할까?

"하나님, 음식을 먹으면 단맛이 나게 해주세요. 모래알 씹는 거 같아 힘들어요. 밥을 달게 먹을 수 있는 방법 좀 가르쳐주세요."

하나님이 내 기도를 들어주셨으면 좋겠다. 내일 아침에는 밥을 보면 하트가 막 솟아나서, 냠냠 맛있게 먹는 모습을 엄마에게 보여줄 수 있었으면……. 엄마의 입에서 한숨 소리가 나오지 않도록 할 수 있었으면……. 정말 좋겠다.

핑크색 후드 티셔츠처럼

 병원에서 가장 설레는 순간은 환자복을 벗어 던지고 내 옷으로 갈아입는 때다. 퇴원을 준비하는 그 순간에 멈추었던 심장이 다시 뛰는 것처럼 설렌다. 한 달 동안의 입원 생활을 마치고 드디어 퇴원을 했다. 나는 학교에 갈 수 있어서 기뻤고, 소풍을 갈 수 있게 돼서 더욱 기뻤다. 제발 소풍날 전에만 퇴원하기를 바랐는데, 정말 그렇게 되었다.

 소풍 갈 때는 핑크색 후드 티셔츠를 입고, 그 티셔츠처럼 밝아져야지. 수척해진 얼굴에 어울리지 않지만, 깡마른 몸을 가리는 데는 조금 도움이 된다. 옷도 핑크, 마음도 핑크! 마음에 긍정적인 생각들이 가득한 핑크 걸이 되어 온 세상을 밝게 물들였으면 좋겠다.

"심장이 더 안 좋아져서 위험합니다. 꼭 신장이식을 해야 합니다."

의사 선생님은 말했다. 신장이식은 정말 하고 싶지 않았다. 하지만 꼭 그래야 한다면 내가 피할 방법은 없었다. 엄마도, 아빠도, 동생도, 교회 식구들도, 친척들도, 친구들도 모두 내 걱정을 한다. 그런데 내가 그걸 모른 채 수술을 거부하면 안 된다. 수술을 하지 않고 낫고 싶었지만 상황이 갈수록 안 좋아진다니 달리 방법이 없다. 그래서 내 마음을 포기하고 의사 선생님의 말을 따르기로 했다. 여러 가지 검사가 진행되었다. 아빠 신장을 나에게 주었을 때, 잘 맞을까 하는 검사였다. 아빠한테 미안했다. 나는 아무것도 드릴 수 없다는 게 더욱 속상했다.

핑크색 후드 티셔츠를 들고 거울 앞에 서서 밝은 생각만 하려고 했는데, 문득 이렇게 우울해지는 건 뭐람. 자꾸 의사 선생님의 말이 생각난다. 아빠 신장을 떼는 장면과 아빠가 아파하는 모습이 떠오른다. 다른 생각을 해야지. 핑크색 생각……. 뭐가 있을까? 아, 학교 친구들. 그 아이들은 핑크색이다.

"와, 은비다!"

맨 처음 나를 발견한 미나와 보미가 연예인을 만난 것처럼 좋아해주었다. 학교 건물은 내가 병원에 다녀온 것도 모르는 것 같았지만, 교실은 달랐다. 교실에 들어서니 많은 친구가 나를 반겨주었다.

"은비야, 왔어?"

"은비야, 괜찮아?"

친구들이 내 자리로 몰려와 질문을 던졌다. 무슨 약속이라도 한 듯 달려와 괜찮냐고 물었다. 친구들의 마음이 다 핑크색이다.

드디어 소풍날. 이번에는 내 마음이 핑크색이다. 현충사로 소풍을 간다. 친구들은 항상 마음만 먹으면 갈 수 있는 곳이라 기대하지 않는 것 같다. 병원에 있는 날이 많은 나는 친구들과 소풍을 간다는 것 자체가 기대감을 갖게 한다. 핑크색 후드 티셔츠를 입고 거울을 보았다.

'또 병원에 들어가야겠지?'

내 얼굴에 그런 질문이 떠오른다. 물음표를 손으로 탁 쳐서 치우고, 스키니를 입었다. 조금 튀려나? 에이, 조금 튀면 어때. 환자복이 아닌 게 얼마나 좋은지 친구들은 모르겠지? 몰라도 괜찮아. 오늘은 친구들과 섞여서 아픈 거 잊고 놀아야지. 엄마가 싸준 김밥도 맛있게 먹고 행복해져야지. 집을 나서면 온통 핑크색인 하늘이 나를 기다리고 있을 거야. 행복하고 밝은 하루를 보내자. 핑크색 후드 티셔츠처럼.

나는 꿈이 있다!

 수능이 끝나고 대학생이 되면 술을 마셔 봐야지. 나이트클럽에도 가볼 거야. 대학생 때 누릴 수 있는 모든 것을 누리고 즐기다가 아나운서가 되어야지. 멋진 커리어우먼으로 살다가 사랑하는 사람을 만나 결혼을 하고, 평범한 주부로 살 거야. 남편의 사랑을 받으며, 아이를 키우고, 행복한 가정을 꾸려야지.
 이것은 내 꿈이었다. 그러니까 과거형이다. 지금의 꿈은 다르다. 나처럼 병을 앓는 사람들을 만날 거다. 온 세상 사람들을 만나서 말해야지. 하나님의 은혜로 행복하게 살고 있다고……. 빨리 커서 전해야지. 아니 지금 당장이라도 전하고 싶다. 이것이 지금의 꿈이다.
 사람들에게 과거의 꿈과 지금의 꿈을 전하면 왜 이렇게 꿈이 줄어들었냐고 말할 것 같다. 하지만 아니다. 내 꿈은 훨씬 커졌다. 아파서 꿈을 포기한 게 아니고, 정말 꿈을 꾸게 된 거다.

학교에서 소변검사를 하고 나서 알았다. 내가 만성신부전증이란 병에 걸렸다는 사실을. 하지만 바뀌는 건 없었다. 나는 여전히 행복한 김은비고, 꿈이 있는 김은비다. 무엇이 문제지? 문제될 건 아무것도 없다. 이 세상 모든 사람은 내가 아파서 고통받고 있거나 죽는다고 해도 모르겠지. 하지만 하나님은 아신다. 그걸로 만족하자. 나중에 나는 그 사랑을 전하는 사람이 될 테니까 지금부터 불평만 해서는 안 된다.

"저번보다 신장은 조금 좋아졌지만, 이번에는 신장이 아닌 심장에 더 신경을 써야 해. 주사도 맞고 심전도 검사도 하자. 할 수 있지?"

하일수 교수님이 말했고, 나는 고개를 끄덕였다. 그리고 나를 응원했다.

'김은비! 너는 꿈이 있는 사람이잖아. 또 열심히 이겨내자. 아자 아자!'

이번 일주일은 학교를 쉬었다. 감기가 걸리고 심장에 무리가 와서 잠을 잘 수도 없는 상태이기 때문이다. 아, 이래서 겨울 동안 학교를 어떻게 다녀야 할지 걱정이 된다. 아니야, 하나님이 함께해주실 거다. 걱정은 떨쳐 버리자.

지금 내가 처한 상황에 충실해야겠다. 몸 건강하게 유지하려면

'06 12 24
크리스마스이브다. 나에게건.. 아니다.

오늘은 크리스마스이브...
나에게는 해당사항이 없을것 같은 우울한 날..
내일은 예수님 탄생 하신날. 하지만 예배에 참석을 못간다
입맛도 없다. 정말로 되악이다
그래도 이런상황에서도 들아들수 있다는게 감사하다.
병원밖에 사람들은 연인끼리.. 친구들끼리. 가족하고
행복한 시간 일텐데.. 지금 내 마음은 꼭 이런날 아무것도
할수없다. 해도 아프지만 않았으면..
　　　건강 했으면.. 옛날이 그립다.

단백질 많이 섭취, 약 잘 챙겨먹기……. 그 외에도 여러 가지를 잘 챙겨야지. 그래, 좋아! 이대로 열심히 기도하며 살아가면 하나님의 은혜가 보일 거야! 이제 나도 조금씩 내 마음을 다스릴 줄 알게 되었다. 뿌듯하다. 물론 죄송하고 미안한 마음이 더 크다. 선생님, 부모님, 친구들, 친척들, 교회 식구들……. 내가 빨리 나아야 할 텐데 또 아파서 일주일을 쉬어 버렸다. 아니 재충전하기 위해 일주일을 푹 쉬었다. 누가 시킨 게 아니고 내가 쉬고 싶어서 쉰 거라고 생각하자.

내일부터 다시 시작하는 마음으로 학교에 갈 거다. 요즘은 묘한 느낌이 나를 기분 좋게 해준다. 설렌다는 표현보다는 조금 작게, 기쁘다는 표현보다는 넘치게 묘하다. 아무래도 하나님이 주신 마음인 것 같다. 그 묘한 감정이 나를 행복한 사람이라고 느끼게 해준다. 항상 이런 마음이었으면 좋겠다. 오늘을 행복하게 살고, 내일을 기대하기! 오늘보다 내일은 행복하게 살기! 나를 기대하고, 사랑하며 그렇게 나아가고 싶다. 음……. 내일은 또 어떤 일이 일어날까? 기대하며 잠을 청해야겠다.

나는 꿈이 있다. 사람들이 뭐라 말하든 내 꿈은 아주 크다. 그 큰 꿈을 실행하는 날까지 나는 행복하게 한 걸음 한 걸음 나아갈 거다. 아자아자! 나는 참 행복한 사람이다.

나는 정말 지금이 좋아요

 며칠 전, 나는 엄마와 동생과 함께 병원에 갔다. 병원에 가는 발걸음이 그렇게 무거웠던 적이 있었을까? 나는 그동안 아프고 힘들긴 했지만, 그럭저럭 괜찮았다. 나는 내가 나을 것을 희망하고 믿으니까, 기죽을 것도 우울할 것도 없었다. 주저앉았다가도 다시 일어나면 그만이었다. 나 혼자 아픈 거였으니까. 내 가족이나 친구처럼 소중한 사람들이 아픈 거보다는 괜찮다고 생각했다.

 병원에 가는 발걸음이 정말 무거웠다. 발목에 쇳덩이를 단 것 같았다. 내 동생 은선이가 함께 진료를 받았기 때문이다. 은선이의 소변에 피가 섞여 나왔다. 내 초기 증상과 같았다.

 "엄마, 나처럼 은선이도 엄마 말도 안 듣고, 하나님 말씀도 안 들어서 이러는 걸까?"

나는 걱정스런 얼굴로 물었다.

"그럴 일은 없어. 걱정하지 마."

엄마는 걱정이 가득한 얼굴로 내 걱정까지 자신이 가져가겠다고 말하는 것 같았다. 아무리 좋은 사람도 화낼 때는 무서우니까, 아무리 착한 어른도 아이를 혼낼 때는 무서우니까, 하나님도 그러시는 걸까?

"하나님, 나만 혼내세요. 내 동생에게는 이런 일이 있으면 안돼요. 은선이가 잘못해서 벌을 주셔야 하면, 한꺼번에 저한테만 벌을 주세요. 제가 손들고 있을게요. 은선이까지 아프면 엄마와 아빠가 불쌍하잖아요."

내 기도를 하나님이 들어주셨으면 좋겠다.

"은비야, 은선이 검사 결과 나왔어."

엄마의 말에 내 눈이 휘둥그레졌다. 나는 엄마에게 바짝 다가가서 물었다.

"뭔데? 아니래지? 아무것도 아니래지?"

"신장염인데, 초기라서 아직 투석까지는 아니래."

엄마는 걱정하지 않아도 된다는 듯이 말했지만, 나는 내 병과 비슷한 병이라는 생각에 슬퍼졌다. 아무 일 없을 줄 알았는데······.

"그냥 신장염이라니까. 걱정하지 마."

"어떻게 걱정을 안 해! 왜 또 이런 일이 있는 거냐고!"

내가 상처받을까 걱정돼서 조심스럽게 위로하는 엄마에게 나는 화를 내고 말았다. 그저 나 자신에게 화가 난 건데, 왜 엄마에게 퍼부었을까? 가장 힘든 건 엄마일 텐데……. 내 마음보다 훨씬 아플 텐데……. 이럴 때 보면 나도 생각이 없다. 하나님이 도와주실 거라고 믿으면서, 뭐가 두려워서 이렇게 화를 내는 걸까?

사람들은 보이지 않는 공기를 마시며 살면서도 보이는 것만 믿으려고 한다. 하지만 나는 눈에 보이는 것보다 꼭 눈으로만 보이지 않는 게 많다고 생각한다. 나는 내 눈으로 아직 보지 못한 하나님이지만 믿는다. 그분이 우리를 버리지 않으실 거라고 믿는다. 은선이가 아픈 것도 어떤 뜻이 있을 거라고 믿는다. 나는 믿으며 꿈꾼다. 곧 나아서 친구들과 함께 즐겁게 학교생활을 할 것이다. 아플까봐 걱정하지 않고 가족여행도 가고, 명절 때도 신나게 놀 것이다.

세상 사람들은 우리 집을 보고 참 복도 없다고 할 거다. 언니도 아프더니 동생도 아프다고 혀를 차며 안쓰럽게 바라볼지도 모른다. 하지만 나는 오늘도 어김없이 믿고 또 믿는다. 내 눈으로는 아직 보지 못한 하나님이지만 그분이 우리를 버리지 않으실 거라고……. 우리 가족이 이렇게 아픈 걸 두고만 보지 않으실 거라고……. 가끔 누군가에게 애원하고 싶고, 누군가가 우리를 구출해 주었으면 좋겠다는 생각을 하기도 한다. 하지만 그게 바로 하나님이었으면 좋겠다.

내가 아프면서 알게 된 것이 있다. 긍정적인 사고방식은 기분도 좋게 해줄 뿐만 아니라 아픔도 잊게 해준다는 것이다. 부정적인 생각은 현실이 되고, 나한테 도움이 되는 것은 하나도 없다. 사람은 자기가 아프고 불행하고 힘들다고 생각하면 그렇게 된다. 아프지 않고 행복하고 힘들지 않다고 생각하면 정말 아프더라도 아픔을 모를 수 있다. 사람들은 별 거 아니라고 말할 수 있겠지만, 나에게는 큰 깨달음이었다.

"하나님, 나는 정말 지금이 좋아요. 믿을 수 있고, 꿈꿀 수 있어서요. 긍정적으로 생각하면, 내가 금방 나아서 친구들과 행복하게 생활할 수 있으니까요. 이제 얼마 있으면 입원을 해야 해요. 신장이식수술을 하기 위해서요. 엎친 데 겹친 격으로 또 하나의 슬픔과 시련이에요. 하지만 담담하게 나아갈게요. 하나님! 어떤 말로도 표현할 수 없는 이 감정이 좋아요. 나에게도, 우리 가족에게도 좋은 일이 있겠죠?"

긴 하루의 끝에서

 유독 길게 느껴지는 하루가 있다. 똑같이 24시간이었을 텐데, 48시간이 아닌지 의심스러운 날이 있다. 바로 오늘이 그렇다. 오늘 같은 날은 나를 비참하게 한다. 축제날이다. 모두 들떠 있고 좋아하지만 나는 그렇지 않다.

 아이들이 무용을 한다. 합창을 하고 발레를 하고 재즈댄스를 하고 배꼽티를 입고 춤을 춘다. 관현악 파트에 있는 아이들은 왠지 더 멋있고 달라 보인다.

 나는 여태 뭐했을까? 그까짓 특기 하나 못 만들고 뭐했을까? 내 몸이 괜찮으면 지금이라도 늦지 않았을 텐데……. 내가 배꼽티도 무용복도 모두 입고 할 수 있을 텐데……. 하지만 안 된다. 나는 병 때문에 무리한 운동을 하면 안 된다. 더군다나 내 배에는 너무나 선명한 수술 자국이 있다. 아이들은 알까? 지금 자신들의 그 모습, 그 자리. 그것이 나에게는 꿈같은 일인 걸.

아빠가 많이 힘든가 보다. 아니 힘든 게 당연하다. 겉으로 내색은 안 하지만, 한 가정의 가장으로서 이런 일이 두렵고 힘들 것이다. 아빠가 사흘 연속 술에 취해 집에 들어오셨다. 말은 하지 않지만, 얼굴에는 힘들다고 쓰여 있다. 나 때문이다. 그래서 짜증도 안 내고, 더욱 밝은 모습을 보여드리려고 했는데, 또 실패다. 할머니의 전화 때문에 짜증이 폭발해버렸다.

할머니가 내 걱정이 돼서 전화를 하셨다는 건 안다. 그런데 할머니는 꼭 내가 아픈 걸 엄마 탓으로 돌리며, 엄마를 혼내신다. 어른한테 이러면 안 되는데, 아주 많이 미웠다. 가뜩이나 나 때문에 힘든 엄마와 아빠에게 뭐라 하면 용납이 안 된다. 그게 누구든 그렇다. 이러면 안 되는데……. 할머니께서 이건 알아주셨으면 좋겠다. 아빠, 엄마, 나, 은선이는 한 가족이다. 한 가족이라 같이 아프다. 그게 나는 더 아프다. 누구에게 책임이 있다고 말할 수 없다. 그리고 이제 와서 누구 잘못을 따져서 뭐가 달라지지? 그저 미안함만 커질 뿐이다. 엄마가 상처 받았을까봐 걱정이 된다.

책임이 있다면, 그런 게 있다면, 내 몫이다. 우리 집의 행복과 웃음 모두 내가 없앴다. 내가 살아 있는 게 짐이 되는 것 같아 죄책감이 든다. 나도 아빠처럼 술이라도 먹고, 용기 내어 말하고 싶다. 엄마와 아빠에게 정말 많이 미안하다고…….

오늘은 정말 긴 하루다. 오늘은 내 병을 잊었으면 좋겠다. 조금 많이 겁이 난다. 내년에 또 축제가 돌아오면 참여할 수 있을까? 많이 아파서 볼 수도 없으면 어쩌지? 바라볼 수 있는 것도 행복이었다는 걸 깨닫는 날이 오면 어쩌지?

아빠의 신장이 내 몸에

 병원에서는 신장이식을 하기 위해 입원하라고 했다. 그런데 나는 이식수술을 하기 싫다. 열심히 기도하면 나을 것 같다. 이식수술을 하고 나면 왠지 희망이 고개를 숙일 것만 같다. 게다가 아빠 신장을 떼어 나에게 이식하는 거다. 나 때문에 아빠까지 힘들게 하고 싶지 않다. 하나도 아프지 않은 아빠가 나 때문에 배를 가르고, 신장을 떼어내야 한다. 얼마나 아플까? 얼마나 고통스러울까? 아빠가 아파할 것을 생각하면 심장이 쿵 내려앉는 것만 같다. 나도 모르게 눈살이 찌푸려지고, 눈물이 나온다. 나 혼자면 충분하다.

 우리 가족 중에서 나만 아프면 된다. 아빠, 엄마, 은선이 대신 나 혼자 아프고 싶다. 나는 이미 아픈 사람이니까 내가 조금만 더 아프고 가족들이 아프지 않을 수 있다면 그렇게 하고 싶다. 아빠까지 입원하면 우리 가족이 힘들어진다. 아빠와 나는 아파서 힘들고, 엄마는 간호하느라 힘들고, 은선이는 혼자 다 알아서 하느라 힘들 게 뻔하다.

"엄마, 이식수술은 하기 싫어. 기도하고 잘 관리하면 나을 수도 있잖아."

나는 엄마에게 말했다. 엄마는 내 의견을 존중해주겠다고 했다. 그런데 일이 터졌다. 응급실에 실려가고 말았다. 병원에 입원해서 이식을 위한 준비를 하자고 난리일 때 응급실에 실려가는 일만큼은 없어야 한다고 생각했는데, 결국 일이 터진 것이다. 감기인 줄 알았는데 호흡곤란이었다.

나는 할 수 없이 투석기를 가지고 아빠와 엄마와 함께 응급실로 향했다. 혼자 집을 지키고 있을 은선이 생각에 마음이 무거웠다. 응급실에 도착했는데 예전에 내 주치의였던 안효순 선생님이 계셨다. 선생님 얼굴을 보니 반가워서 웃으며 인사를 했다. 기본적인 피 검사와 엑스레이 검사 등이 진행되었는데, 이제는 하도 많이 해봐서 그런지 아프지가 않았다. 어떤 상황에 적응하고 면역이 된다는 것이 좋은 걸까? 그 질문이 머릿속에 떠올랐지만 답은 얻지 못했다. 다만 아프지 않다는 것이 그 순간의 나에게는 축복으로 느껴졌다.

아빠가 돌아가고 저녁이 되자 투석을 했다. 그리고 나도 모르게 까무룩 잠이 들었다. 다음 날, 무시무시한 일이 일어난다는 사실은 꿈에도 몰랐다.

다음 날, 응급실에 조희연 선생님이 오셨다.

"할 말이 있으니까 오후에 엄마와 소아신실로 와."

정말 무서운 건 그 한마디였다. 오후에 소아신실로 가자 선생님은 우리를 데리고 상담실로 가셨다. 나는 충분히 긴장했다. 선생님의 입에서 어떤 말이 나올지 대충 짐작하고 있었으니까.

"이식수술을 해야 한다."

선생님의 그 한마디는 천둥 같았다. 가뜩이나 마음에 소나기가 주룩주룩 내리고 있었는데, 천둥까지 치면 나는 어떡하라고······.

"은비야, 너는 심장도 좋지 않아서 꼭 수술을 해야 한다."

선생님은 말을 이었다. 엄마가 내 편이 되어줄 거라 생각했는데, 아니었다. 엄마는 선생님의 말에 동의하고 있었다. 이 상황을 어떻게 해야 할지 몰랐다. 나는 아무 말도 하지 못한 채 수술 날짜를 받았다.

응급실로 돌아와 침대에 누웠다. 눈을 감으니 눈물이 고였다. 나는 이식수술을 하지 않고 나을 거라 믿었다. 혹시 아니어도 괜찮다. 나는 천국에서 평안히 살 것을 믿는다. 내 생각이 틀렸던 걸까? 이제부터 천천히 마음을 가다듬고 어른들의 말씀에 따라야 하나? 아, 지금까지 어떻게 버텼는데······. 하지만 막상 수술을 하게 되고, 수술 당일까지 마음을 잡지 못하면 더 힘들기만 할 거다.

이제 희망은 한 가지다. 아빠가 이식을 위한 검사를 하고 나서,

나와 신장이 맞지 않는다는 결과를 받는 것이다. 아, 정말 이식은 하기 싫다. 가뜩이나 나 때문에 힘든 아빠가 더 힘들고, 나는 그토록 바라고 기도했던 희망을 잃어야 한다. 아, 하나님. 이식수술 안 하게 해주세요. 꼭 부탁해요.

소중한 엄마

나는 왜 생각하지 못했을까? 이식수술 날짜를 받고, 나만큼이나 엄마가 힘들 것이라는 생각을 왜 미처 하지 못했을까? 엄마한테 미안해 죽겠다.

어제부터 엄마가 불안해 보이고 이상했다. 평소의 엄마처럼 든든하지 않았다. 하지만 나는 내 마음이 더 중요했는지 엄마에게 왜 그러냐고 묻지 않았다. 그런데 오늘, 엄마는 더 이상해졌다. 새벽부터 나를 흔들어 깨웠다.

"은비야, 일어나 봐. 교회 가자."

나는 짜증이 났다. 가뜩이나 잠을 설치고 밤늦게 간신히 잠이 들었는데, 새벽부터 무슨 교회를 가자는 건지 몰랐다. 하지만 엄마는 내 짜증은 아랑곳하지 않고 나를 흔들었다.

"일어나 봐. 엄청 유명한 목사님이 집회를 하신대. 가서 기도받자. 응?"

"거길 왜 가. 싫어!"

"교회 안 다니는 사람들도 안수 받으러 온대. 우리는 교회 다니는데, 당연히 가야지. 예배 끝나고 모두 기도할 때 나가서 목사님한테 안수 받자. 응?"

"싫어, 안 가!"

"오늘 하루만 엄마가 하자는 대로 해주라. 엄마 소원이야. 뭐든지 할 수 있는 건 다 해보고 싶어."

소원. 나는 그 두 글자를 내던질 수는 없었다. 엄마가 얼마나 가고 싶으면 소원이라고 이야기할까 싶었다. 나는 일어나 엄마를 따라 나갔다.

○○○교회 특별 예배. 교회 앞에 큰 현수막이 눈에 띄었다. 예배 시작은 11시로 적혀 있었는데, 엄마와 나는 9시쯤 도착했다. 그런데 사람이 무지 많았다. 특별 집회라 그런지 전국의 사람들이 다 모여든 것 같았다.

나는 엄마와 나란히 앉아 예배를 드렸다. 그런데 엄마의 바람대로 안수 받기는 힘들 것 같았다. 안수 받는 시간이 따로 있는 것이 아니라, 그냥 예배만 드리는 거였다. 엄마는 그래도 기도를 받고 싶다고 했지만 사람이 많아서 목사님을 찾을 수도 없었다.

"엄마, 기도 못 받겠다. 집에 가자."

"가만있어 봐."

엄마는 무슨 생각인지 벌떡 일어났다. 내 손을 잡고 사람들을 헤치고 나가며, 누군지도 모르는 사람들을 붙잡고 무릎을 꿇고 애원했다.

"제가요, 목사님을 꼭 만나야 해요. 우리 딸이 아파요. 꼭 기도 받아야 해요. 목사님을 만나게 해주세요."

그 순간 나는 엄마가 창피했다. 누군지 알지도 모르는 사람을 붙잡고, 무릎을 꿇고, 부탁을 하다니…….

"엄마, 그냥 가자. 응?"

나는 사람들이 쳐다보는 게 창피해서 엄마를 끌며 말했다. 하지만 엄마는 내 목소리가 들리지 않는 사람처럼 내 손을 끌고 앞에 나가며 아무 사람이나 붙잡고 무릎을 꿇고 애원했다.

"목사님한테 안수기도 받아야 해요. 목사님 좀 만나게 해주세요."

나는 눈을 질끈 감고, 엄마가 제발 포기하고 일어나기를 바랐다. 하지만 엄마는 포기하지 않았고, 아무 사람이나 붙잡고 말했다.

"목사님이 어디 계신가요? 저희 좀 만나게 해주세요. 꼭 부탁해요."

"저를 따라오세요."

몇 번째 사람이었을까? 그건 잘 모르겠지만 그 사람은 엄마와 나를 목사님이 있는 쪽으로 데리고 갔다. 엄마는 내가 손을 놓고 나가 버릴지도 모른다고 생각했는지 내 손을 꼭 움켜쥐고 그 사람을 따라갔다. 나는 고개를 푹 숙이고 할 수 없이 끌려갔다. 손에 땀이 고여서 흥건해졌는데도 엄마는 손을 놓으려고 하지 않았다.

"목사님, 이분이 꼭 목사님을 만나야 한다고 해서요."

그 사람은 목사님에게 우리를 그렇게 소개했고, 엄마는 꾸벅 인사하며 말했다.

"목사님, 저희 딸이 아파요. 기도 좀 해주세요."

엄마의 말은 확성기를 대고 말하는 것처럼 크고 우렁찼다. 그리고 그 크기만큼 슬프고 안쓰러웠다. 나는 그 순간, 엄마를 창피하게 생각했던 내가 창피해졌다. 엄마의 간절함이 하늘에 닿았을까? 결국 목사님은 내 머리에 손을 얹고 안수기도를 해주었다.

병원에 돌아와 침대에 누웠다. 피곤하고 힘들었다. 나도 모르게 잠이 들었는데, 새벽에 깨서 잠든 엄마의 모습을 보니 많이 미안했다. 엄마는 무슨 용기가 나서 그 많은 사람을 헤치고 앞으로 나갔을까? 어떻게 모르는 사람 앞에서 무릎을 꿇고 애원할 수 있었을까? 나는 나만 소중한데, 그래서 아프기도 싫은 건데, 엄마는 내가 엄마보다 소중한 모양이다.

엄마가 내 손을 잡고 무조건 앞으로 나가 아무나 붙잡고 애원하고, 안수 받는 나를 보며 눈물을 흘리는 모습은 아마 평생 잊지 못하겠지. 그리고 이렇게 많이 미안한 마음도 잊지 못할 것이다.

'엄마, 오늘 정말 많이 미안해. 엄마 딸이 못나서 그래. 이해하

고 용서해줘. 엄마처럼 나도, 나보다는 엄마가 소중했으면 좋겠어.'

  나는 이렇게 생각하면서도 결국 마음속에 있는 말을 표현하지 못했다. 나는 아직도 내 자존심이 더 중요한 모양이다. 엄마에게 자꾸만 미안해진다.

가슴이 콩닥콩닥 뛴다

 엄마와 나는 닷새 동안 응급실에 있다가 병실로 올라왔다. 정신을 차려보니 준희와 준희 엄마가 옆에 있었다. 준희는 예전에 병실을 같이 썼던 동생이다. 준희도 나만큼이나 힘든지 얼굴에 그늘이 져 있었고, 준희 엄마도 우리 엄마만큼이나 힘든지 많이 지쳐 보였다. 엄마는 뒤늦게 준희 엄마를 발견하고는 이산가족을 만난 것처럼 반가워했다.
 "이제야 봤어요. 그전에 윤수 옆에 있었던 준희, 맞죠?"
 "네, 맞아요. 저도 은비 기억나요."
 준희 엄마는 여전히 지친 표정으로 대답했다.
 "참, 윤수는 어떻게 되었는지 모르겠어요."
 "모르셨어요? 윤수 아빠가 윤수한테 신장 이식해주었잖아요.

며칠 전에 수술 받고, 신나서 뛰어다녀요."

나는 그 말을 듣고 귀가 번쩍 뜨였다. 백윤수. 나와 같은 병실에 있을 때, 네 살이었던 여자아이. 말을 한 번도 하지 않고, 우울해 보였던 기억이 난다. 그런데 그 아이가 수술을 받고 뛰어다닌다니……. 믿기 힘든 사실이었다. 하지만, 며칠 후에 윤수 아빠를 보고 나서는 믿을 수밖에 없었다.

윤수 아빠는 수술한 지 일주일이 되었는데 걸어 다녔다. 퇴원도 사흘만 있으면 한다고 했다. 아빠가 내 생각보다는 덜 아프겠다는 생각이 들었다. 기분이 조금 나아졌다. 그런데 나는 어쩌지? 아빠에 대한 걱정이 잦아들자 내 걱정이 불쑥 올라왔다. 사람의 마음은 참 요상하다.

"걱정되니?"

윤수 엄마가 말했다. 나는 아무 대답도 하지 못했다. 걱정된다고 솔직하게 말하면, 엄마가 더 걱정할 것 같았다. 윤수 엄마는 그런 내 마음을 눈치챘는지 미소를 지으며 말했다.

"신경 쓰지 마. 윤수 컨디션이 최상이야. 아픈 거 생각도 안 난대."

그 한마디에 꽁꽁 싸매고 있던 내 마음이 풀어졌다. 오랜만에 가슴이 콩닥콩닥 뛰었다.

걱정이 하나도 남지 않았다면, 거짓말이다. 하지만 평안해졌고 안정을 되찾았다. 수술 날짜가 가까워질수록 문득 걱정이 찾아오는 횟수가 늘었지만, 그저 대수롭지 않게 넘겨버릴 수 있었다. 그리고 다시 입맛이 돌기 시작했다. 나는 시도 때도 없이 먹을 것을 찾았고, 엄마는 행복하다고 말했다. 엄마의 가장 큰 걱정은 내가 음식을 잘 먹지 않는 것이었는데, 그 걱정이 덜어져서 좋다고 했다. 내가 밥을 다시 잘 먹을 뿐인데 여러 사람이 축하해주었다. 엄마와 아빠는 물론이고 같은 병실의 사람들, 소아신실의 선생님들이 다 축하한다고 했다. 담당 선생님은 이렇게 잘 먹고 준비하면 수술하고도 아픈 걸 모를 거라고 했다. 그게 가능할까? 가능했으면 좋겠다.

   윤수가 퇴원했다. 병원을 떠나기 전에 나를 만나고, 희망을 선물해주어 참 고맙고 감사했다. 나도 수술을 받고 얼른 나아서 누군가의 희망이 되었으면 좋겠다. 가슴이 콩닥콩닥 뛴다.

울지 마, 은비야

 이식수술이 얼마 남지 않았다. 괜스레 고마웠던 분들에게 편지를 쓰고 싶어져서 엄마 몰래 공책에 편지를 쓰기 시작했다. 사랑하는 부모님, 부모님처럼 나를 아껴주는 안 집사님, 혜진이를 비롯한 사랑하는 내 친구들에게 편지를 썼다. 차례차례 생각나는 사람들에게 편지를 쓰는데, 예전에 고생했던 기억이 밀려와 눈물이 나왔다. 내가 우는 것은 슬퍼서라기보다는 그러한 길을 잘 헤쳐 나왔다는 감격 때문이다. 그리고 부족한 나에게 과분한 사랑을 주신 분들을 떠올리며 감사한 마음에 눈물이 나오기도 했다. 그분들은 내가 해준 것도 없는데 나를 사랑해주었고, 내가 쓴 편지를 보고 좋아하고 감동하실 것이다. 그분들 얼굴을 하나씩 떠올리며 편지를 쓰고, 나는 참 행복한 사람이라는 생각을 했다.

이식수술 전날이 되었다. 나는 이제는 본관으로 가게 된다. 고모들이 왔고 아빠와 은선이가 왔다. 아빠 얼굴을 바로 쳐다보기가 힘들다. 아빠는 나 때문에 신장을 떼어내야 하는데도 온통 내 걱정이다. 아빠는 신장을 떼어내는 게 발가락에 반창고 하나 붙이는 것처럼 말하고, 나는 세상에서 제일 위험한 수술을 하는 것처럼 걱정한다. 아빠도 수술을 앞두고 두렵고 무서울 텐데……. 괜찮냐고 물으면 내가 울어버릴까봐 묻지도 못하겠다. 아빠의 얼굴만 봐도 눈물이 나와서 눈물을 삼키느라 힘들었다.

나는 큰 링거를 달고 침대를 타고 본관으로 갔다. 우리 병동 간호사 언니들은 축하해주었다. 아빠 신장을 떼어내는 수술만 아니면, 축하를 마음껏 받아도 괜찮을 텐데 차마 그럴 수가 없다.

본관은 어린이 병동과 느낌이나 분위기가 달랐다. 적막이 흘렀다. 아빠는 2인실로 가고 나는 1인실로 들어왔다. 병실까지 내가 더 좋은 거라니 아빠에게 더욱 미안할 뿐이다.

간호사 언니가 이것저것을 챙겨서 들어오셨다. 수술을 위한 제모제, 소독약, 멸균물, 설사약 등 오늘 필요한 물품들과 수술 후 필요한 호흡 도구도 가지고 오셨다. 그중에 설사약이 제일 밉다. 설사약을 세 통이나 먹었는데 미치는 줄 알았다. 배 속에서 난리가 났다. 그리고 관장을 했다. 처음 해보는 건데 힘들었다. 온몸에 힘이 쫙 빠졌다. 그렇게 새벽이 되었고, 잠도 잔 것 같지 않은데 벌써 시간은 4시를 향하고 있었다. 그때, 서울에 사시는 큰아빠와 큰엄마, 사촌 언니가 다니는 교회의 목사님이 오셨다. 병원 목사님도 오셔서 기도해주셨다. 나는 감사해서 눈물이 났다.

아침 7시. 아빠가 먼저 수술실로 들어갔다. 아침 8시가 되면 내가 수술실로 들어간다. 계속 마음을 굳게 먹었는데 들어가기 전에 갑자기 도망가고 싶었다. 나는 결국 엄마에게 눈물을 보였다.

"울지 마, 은비야."

엄마가 말했는데, 나를 사랑하는 사람들이 말하는 것 같았다. 눈물을 참으려고 눈을 감았다. 내 공책에 써 놓은 편지를 받을 소중한 사람들과 수술을 앞두고 찾아와 준 고마운 사람들이 내 눈 속에 있었다. 모두 나를 에워싸고 서서 환하게 웃으며 말했다.

"울지 마, 은비야."

"네, 울지 않을게요. 절대 울지 않을게요."

눈 속의 내가 대답했다.

수술이 잘못됐나?

 나는 어렴풋이 눈을 떴다. 내 옆에 사람들이 있는 것 같은데 고개를 돌릴 힘이 없었다. 온몸의 신경까지, 구석구석의 세포까지 아팠다. 나는 다시 눈을 감았다. 머릿속에 물음표들이 떠다녔다. 수술은 끝난 걸까? 여기는 어디지? 내 손들은 왜 묶여 있지? 물음표가 꼬리에 꼬리를 물었지만, 입 밖으로 나오지는 못했다. 나는 말로는 표현할 수 없는 고통 속에 있었고, 말을 꺼낼 힘도 없었다. 나는 옷도 입지 않고 기저귀를 차고 있었는데, 그 사실을 알지 못할 정도로 아팠다. 신음소리도 낼 수 없는 아픔이, 숨을 내쉬기도 힘든 고통이 나를 옭아매고 있었다.

 "간호사님, 피가 나요. 지혈해야겠어요."

 엄마의 목소리였을까? 잘 모르겠다. 간호사 언니가 와서 지혈을 하는 것 같았다. 사실인지, 상상인지, 꿈인지 잘 모르겠다. 모두 다 흐릿하다. 무엇이 잘못된 걸까? 그렇게 물음표가 다시 떠올랐다가 이내 사라졌다.

얼마나 시간이 흐른 걸까? 정신을 차리고 보니 엄마와 아빠, 큰엄마가 보였다. 나는 큰엄마에게 날짜를 물었다. 엄마 생일이 지났는지 궁금했다.

나는 엄마 생일 이틀 전에 수술실에 들어갔다. 수술을 마치고 나와서 엄마 생일을 축하해주고 싶었다. 큰엄마는 오늘이 엄마 생일이라고 했다. 엄마에게 죄송했다. 나 때문에 병원에서 고생만 했는데, 생일도 못 챙겨 드렸다. 미역국이라도 같이 먹고 싶었는데…….

"미역국은 드셨어요?"

"응, 내가 끓여 와서 아침에 먹었어. 걱정하지 마."

"고맙습니다."

큰엄마가 미역국을 끓여 오셨다니 다행이었다. 엄마는 큰엄마 옆에서 눈물을 훔치고 있었다. 그 옆으로 아빠가 어렴풋이 보였다. 아빠가 걸을 수 있다고 생각하니 마음이 놓였다. 나는 아빠를 더 자세히 보려고 몸을 조금 비틀었다. 그런데 움직일 수가 없었다. 내 두 손이 묶여져 있었다. 목에는 큰 쇳덩어리 같은 게 있었고, 게다가 콧줄까지 끼고 있었다. 힘이 들어서 눈물이 찔끔 나왔다. 다시 눈을 감았다.

꿈속에서 엄마를 찾아 헤맸다. 아무리 찾아봐도 엄마는 없고, 엄마가 보고 싶어서 엄마를 애타게 불렀다. 엄마를 부르며 눈을 떠보니 간호사 언니가 내 몸에 달린 것을 빼고 있었다. 엄마는 보이지 않았다. 괜히 엄마가 보고 싶어서 울음이 나왔고, 엄마가 오기만을 기다렸다. 조금 있으니까 엄마의 모습이 보였다. 나는 기뻐서 껑충 뛰어서 엄마에게 안기고 싶었다. 하지만 나 혼자 일어나기도 벅찼다. 엄마는 나를 일으키고는 호박죽을 떠서 입에 넣어주었다.

"호박죽이야. 먹어. 이제 이건 먹을 수 있대."

나는 간신히 입을 열었다. 원래 호박죽을 싫어하는데, 이상하게도 맛있었다. 엄마는 아기에게 떠먹이듯 천천히 숟가락을 입 앞에 대주었고, 나는 열심히 받아먹었다.

"어머니, 일단 소아신실 가서 투석을 하고 7층으로 올라가시죠."

조희연 선생님의 목소리가 들렸다. 조희연 선생님은 어느새 다가와 엄마 옆에 서 있었다. 그런데 이상하다. 선생님의 표정이 내가 친구한테 오해를 한 게 미안해서 사과하러 찾아갔을 때 그 표정 같다. 그리고 왜 또 투석을 해야 하지? 나는 이제 물음표를 입 밖으로 꺼낼 힘이 생겼다. 두려움이 엄습했지만, 그래도 알아야 했다.

"엄마, 여기가 어디야?"

"소아중환자실."

"나, 수술 잘못된 거야?"

엄마는 아무 대답도 하지 않았다. 선생님도 마찬가지였다. 그러나 엄마와 선생님의 표정을 읽는 것은 아주 쉬웠다. 수술이, 잘못된 것이다.

아빠한테 미안해

수술이 잘못되었다는 사실을 알고 아빠에 대한 미안함이 내 마음속을 휘저었다. 멀쩡한 신장을 나 때문에 떼어냈는데, 내가 낫지도 않았으니 아빠는 얼마나 상심이 클까? 아무리 신장은 두 개라 하나를 떼어내도 괜찮다고 하지만, 그래도 배를 열고 신장을 떼어내는 수술을 했으니 아빠가 많이 힘들었을 것이다.

'아빠, 미안해.'

아빠를 보면 그 한마디를 해주고 싶었다. 하지만 막상 아빠 얼굴을 보니 그 말이 쏙 들어갔다. 아빠가 왔다. 나를 보고 활짝 웃어주는 아빠를 보니 더욱 미안해졌다. 그래도 아빠가 별다른 이상이 없다는 것이 조금이나마 다행이었다. 아빠가 아프면 나는 얼마나 힘들었을까? 상상하기도 싫다.

며칠 후, 큰고모가 오셔서 아빠와 은선이를 데리고 가셨다. 집으로 갈 수 있다니 다행이었다. 끝까지 미안하다는 말은 하지 못했다. 나중에 내가 나을 수 있다면, 꼭 말해주고 싶다. '아빠, 정말 미안했어. 내가 평생 효도할게'라고. 그 말을 할 수 있는 날이 오기를 기도해야겠다.

아빠가 가고 난 후 아빠에 대한 걱정이 사라졌기 때문인지 내가 더 아파졌다. 제일 힘들었던 건 기침이다. 조희연 선생님은 전신마취를 하고 대수술을 했기 때문에 폐에 가래가 잔뜩 있어서 기침이 나오는 거라고 했다. 그리고 기침을 일부러 더 많이 해서 가래가 나오도록 해야 한단다. 그런데 그게 무척 힘들었다. 기침을 하고 나면 힘들어서 기침을 하기 전에 자꾸만 참고 싶었다. 그런데 결국 참지 못하고 기침을 뱉어내고, 그 후에는 수술한 부위가 아파서 숨쉬기도 힘들었다.

'무슨 병원이 기침도 못 나오게 할 수 없는 거야!'

어이없는 생각일지도 모르지만, 그런 생각이 들었다. 그만큼 아프고 힘들었다. 정말 죽어도 못 참을 것 같을 때는 진통제를 달라고 했다. 진통제를 먹고 나면 조금 나아졌는데, 그러고는 다시 괴로웠다. 엄마는 수술하고 일주일 후면 괜찮아질 거라고 했다. 엄마 말처럼 시간이 지나니 조금씩 괜찮아졌다. 나는 작정을 하고 기침을 일부러 많이 했다. 그럴 때마다 엄마는 내 등을 세게 두들겨주었고, 그 바람에 쉽게 가래를 뱉을 수 있었다. 정말 그 후로는 기침이 확실히 많이 줄었다. 몸이 조금 나아지니 병실이 답답해졌다.

"엄마, 휠체어 타고 싶어."

나는 자주 이렇게 말했고, 엄마는 그때마다 휠체어를 가져다가 나를 태워주었다. 엄마와 바깥바람을 쐴 때는 정말 행복했다. 얼굴에 스치는 바람을 느낄 수 있다는 것이 얼마나 큰 행복인지 아파본 적이 없는 사람은 모를 것이다. 바람을 느끼고, 공기를 마시고, 하늘을 볼 수 있는 것도 감사하다. 어쩌면 아프지 않았을 때 당연하게 생각했던 모든 것이 감사의 제목이다. 아프지 않은 친구들이 그 사실을 알았으면 좋겠다.

휠체어를 타고 바깥에 나가면, 내 뒤에 있는 사람이 엄마라는 게 참 좋다. 솔직히 요즘은 자식이 아프면 자식을 버리는 엄마도 많은데, 나는 우리 엄마가 엄마라서 참 다행이다. 엄마는 내가 웃으면 같이 웃고, 휠체어를 더 밀어달라면 짜증 한 번 내지 않고 계속 밀어준다. 가끔은 엄마가 밥 먹고 있는 걸 보고 있으면, 내가 엄마 같고 엄마가 딸 같을 때가 있다. 나는 엄마가 잘 먹으면 기분이 좋다. 나 아프다고 엄마가 밥도 안 챙겨먹고 그러면 슬프다. 엄마가 계속 밥도 잘 먹고 건강했으면 좋겠다. 그럼 내가 엄마가 된 것처럼 뿌듯해질 것 같다.

나는 아직도 걷지 못한다. 기침도 줄긴 했지만, 계속 나온다. 기침은 밤에 더 자주 찾아와서 내 잠을 깨운다. 아빠는 잘 계실까?

아픈 데는 없겠지?

'아빠, 미안해.'

이 한마디를 텔레파시로 보내고 싶다. 사랑하는 우리 아빠가 정말 보고 싶다. 동생 은선이도 보고 싶다. 언제쯤 우리 가족이 함께 둘러앉아 밥을 먹을 수 있을까? 나는 게걸스럽게 밥을 먹으며 아빠에게 말하고 싶다. '아빠, 그때는 진짜 미안했는데, 지금은 밥도 잘 먹고 행복하니까 미안해하지 않을게. 그리고 내가 엄청 효도 많이 할 거니까 오래오래 살아야 해'라고.

열여섯 살

꼭 살 거야

언젠가는 분명히 지금 내가 쓴 일기를 다듬어 책을 내고 싶다.
나는 아무런 힘이 없지만 내가 믿는 하나님은 힘이 있고,
또 내 기도를 들어주실 것이다.
내가 읽고 감동을 얻었던 책처럼
누군가에게 감동을 주는 책으로 만들고 싶다.
나처럼 아프고 희망이 없다고 말하는 사람들에게
행복해질 수 있다고 말하고 싶다.
아니, 오늘도 행복하다고
아파도 행복하게 살 수 있다고 말해주고 싶다.

2007.10.6 (토)

오늘 변비때문에 입맛이 없다. 그래서 걱정이다 밥도 안 먹히고 짜증만나고,, 이런 내맘을 아시는지 안집사님이 안속을 해주신다고 하신다. 안속을 받으니 너무 감사한데 그에 비해 내가 부족하다는 것을 알았다. 그리고 하나님이 운동하라하셔서 엄마와 오늘을 3바퀴 돌았다. 오랜만에 나와서 운동하니 좋았다. 근데 맨날 하루종일 동생이랑 티격태격이다. 휴 싸우지 않기로 해놓고 동생이 왜 그렇게 하는것이 미운지. 엄마한테 화낸다. 그 때뿐이라고,,
난 참 이상하다. 저질고 몇분도 안돼 곧 후회한다.
내가 좀만 더 참을 걸 다 늦은 후회다.
!! 꼭 !! 내일부턴 그러지 말아야겠다.
짜증부리지 말자! 김은비 ~~

　스마일 Smile.

Yes!　　　No!

부활을 꿈꾸며

 이제 복막투석수술을 해야 한다. 복막투석수술은 배 안에 카테터(Catheter, 의료용 튜브)를 삽입하는 수술이다. 카테터는 호스 같은 고무관이다. 카테터를 삽입하면 그것을 통해 집에서 혼자 투석을 할 수 있게 된다. 기계를 집에 두고, 카테터와 연결해서 스스로 투석을 할 수 있는 것이다.

 병원에서는 혈액투석보다 복막투석을 권한다고 했다. 그리고 결정하기까지 좀 시간이 걸렸다. 엄마는 혈액투석을 조금 하다가 나을 거라고 믿었다. 나도 그렇게 믿고 싶었다. 하지만 이식수술을 실패하고, 병원에서는 꼭 복막투석을 해야 한다고 했다. 엄마와 나도 인정할 수밖에 없는 상황이었다.

 수술할 생각을 하니 많이 떨린다. 수술은 하면 할수록 떨리는 건가 보다. 신장이식수술을 했을 때 큰 고통이 뒤따랐기에 겁이 난다. 하지만 피할 수 없는 일이다. 힘을 내자. 저번보다는 힘들지 않을 거라는 선생님의 말을 붙잡고, 다시 한 번 힘을 내자.

드디어 결전의 날이다. 어제 저녁 12시부터 금식을 했다. 뭐, 아침에 바로 수술이니까 참을 수 있다고 생각했다. 그런데 아뿔싸! 수술 일정이 늦춰졌다. 오후 4시란다. 그 소리를 들으니 갑자기 배가 고파졌다. 어떻게 참을지 걱정이다. 다른 환자들은 금식하고 수술하기 전에 수액이라도 많이 맞으니 좀 덜하다던데, 나는 신장이 나빠서 수액을 많이 맞으면 안 된다. 아주 조금씩 들어가는 수액을 보고 있으니 배가 더 고프다. 시간은 아주 느릿느릿 기어갔다. 괴로운 시간이었지만, 시간이 멈춘 것은 아니었다. 드디어 3시. 조금만 있으면 수술실로 들어간다. 일기는 수술이 끝나고 회복되면 쓸 수 있을 것 같다. 아, 떨지 말자, 김은비.

나는 소아 수술실 앞으로 실려갔다. 수술실 앞에 가면 만나는 수술 선생님이 이번에도 내 담당 선생님이었다. 제법 익숙한 수술실과 선생님을 보니 떨리던 마음이 조금 잦아들었다. 수술실에 들어가니 다시 떨렸지만, 나는 곧 잠이 들었다.

"이제 잘 거야."

마취과 선생님의 말에 고개를 끄덕거렸고, 주삿바늘을 느끼고 눈을 질끈 감았다. 그리고 잠이 들었나 보다. 그 이후의 기억은 나지 않는다.

간호사 언니가 나를 흔들어 깨웠다. 회복실이었다. 나는 마취가 안 풀려서 비몽사몽이었다. 심호흡을 하라고 해서 천천히 심호흡을 했다. 정말 저번 수술보다는 고통스럽지 않았다. 곧 병실로 옮겨졌고, 엄마 얼굴도 선명하게 보였다. 간호사 언니가 진통제를 놔주었고, 나는 다시 잠이 들었다.

아침에 눈을 떴을 때 기분이 무척 상쾌했다. 바로 어제 수술을 했는데도 컨디션 최고! 사흘 동안 꼼짝 말고 누워 있으라고 했지만, 일어나고 싶었다. 엄마의 부축을 받으며 일어나 앉았다. 호박죽도 먹고 요플레도 뚝딱 해치웠다. 혈액투석을 하러 내려가려면 아저씨들을 불러야 정상인데, 혼자 휠체어에 탈 수 있어서 아저씨들을 부르지 않았다. 내가 환자 같지 않아서 기분이 좋았다. 하일수 교수님이 회진을 오셔서 내 기분을 말씀 드렸다.

"그래도 사흘은 꼬박 누워 있어야 한다."

교수님의 한마디는 위력이 있다. 나는 다시 누웠다. 말을 듣지 않았다가 나중에 이상이 생기면 큰일이다. 사흘을 누워 있다가 일어나라니 예수님 생각이 났다. 예수님도 사흘을 무덤 속에 있다가 부활했으니까 나도 사흘 후에 부활해야지. 더욱 건강해진 모습으로 엄마 앞에 짠하고 나타났으면 좋겠다.

신장이 없어도 항상 웃는 아빠

나는 아침에 일어나자마자 호박죽을 먹었다. 이상하게도 입맛이 돌았다. 엄마는 좋은 현상이라고 했다. 내 생각도 그랬다. 요플레까지 먹으니 마음이 말했다.

'이제는 나아서 집에 갈 일 밖에는 없는 거야. 힘내자, 은비야!'

나는 피식 웃음이 났다.

"내일 아빠 오신대."

엄마의 말을 들으니 웃음이 났다. 오늘 하루 더 잘 먹고 건강해져서 아빠한테 안 아픈 모습을 보여줄 것이다. 나 때문에 아팠던 아빠는 수술 후에 내가 더 아플까봐 걱정할 게 뻔하니까.

'어떻게 우리 가족에게 이런 일이 일어나는 거지?'

문득 천장을 보면 이런 생각이 들 때가 있다. 솔직히 지금도 나에게 이런 병이 찾아왔다는 게 믿기지 않는다. 수술실에 들어가거나 약을 먹고 투석을 받을 때는 알겠다. 나는 아프고 치료 과정을 밟고 있는 환자라는 것을. 하지만 엄마와 대화하고 있을 때 나는 평범한 딸이다. 은선이와 여느 자매처럼 다투고 금방 화해를 하고 서로를 보면 웃기도 하는 언니다. 그렇게 가족과 함께 있을 때는 내가 아프다는 걸 인정하고 싶지 않다.

특히 아빠가 나 때문에 신장을 떼어냈고, 그 신장이 내 몸에 들어와 제 기능을 하지 못했다는 사실을 떠올리고 싶지 않다. 그저 가족들을 위해 열심히 일하는 아빠에게 내가 무거운 짐을 던져준 것 같다. 하지만 어쨌든 여기까지 왔다. 예방 주사 맞을 때도 그렇게 엄살을 부렸던 내가 주삿바늘과는 비교도 안될 만큼 어마어마한 수술과 투석을 받았다. 어떻게 다 참고 여기까지 왔는지……. 하나님이 함께하신 것을 알고 믿는다.

나는 꿈이 많았고 하고 싶은 것도 많았다. 나는 지금의 아픔이 나에게 독이 되기보다는 약이 될 거라고 믿는다. 내가 내 병에 대해서 이렇게 긍정적인 이유는 하나님이 고쳐주실 거라는 것을 알고 있기 때문이다.

언젠가는 분명히 지금 내가 쓴 일기를 다듬어 책을 내고 싶다. 나는 아무런 힘이 없지만 내가 믿는 하나님은 힘이 있고, 또 내 기도를 들어주실 것이다. 내가 읽고 감동을 얻었던 책처럼 누군가에게 감동을 주는 책으로 만들고 싶다. 나처럼 아프고 희망이 없다고 말하는 사람들에게 행복해질 수 있다고 말하고 싶다. 아니, 오늘도 행복하다고 아파도 행복하게 살 수 있다고 말해주고 싶다.

다음 날, 드디어 아빠가 왔다. 며칠 전에 왔을 때보다 얼굴이 좋아 보여서 마음이 놓였다.

"아빠, 반가워."

내가 인사하자 아빠는 웃는다. 아빠의 웃음은 많은 걸 말해준다.

'내 딸, 나도 반가워. 무척 보고 싶었어.'

아빠의 마음은 그 말을 나에게 전달했다. 나는 아빠가 사온 햄버거를 먹으며 쉴 새 없이 이야기를 건넸다. 오랜만에 만나서 그런지 할 이야기가 무척 많았다. 아빠는 내 이야기를 듣고, 또 이야기를 해주었다. 참 즐거운 시간이었다. 딱 한마디 정말 하고 싶은 말을 못했지만 괜찮다.

'아빠, 나를 위해 기꺼이 신장을 떼어준 아빠……. 사랑하는 아빠……. 이 은혜를 다 갚지는 못하겠지만, 오래오래 건강하게 살아. 내가 행복한 아빠로 만들어줄게.'

내 마음이 아빠에게 전달되었을 거라고 믿는다. 사랑은 말하지 않아도 느껴지는 거니까. 사랑하는 우리 아빠……. 금세 또 보고 싶어진다.

할머니, 나 안 갈래

 오늘은 정말 아무 생각이 없었다. 멍하게 있는데 간호사 언니가 혈액투석을 하기 전 피 검사를 하러 오셨다. 나는 아무 생각 없이 팔을 내밀었다. 이제는 피 검사 정도는 아무 소리도 내지 않고 받을 수 있다. 실제로 별 느낌이 없다. 이 상황에 적응이 돼서 아무런 반응을 하지 않는 것이다. 그것이 때로는 좋고, 때로는 정말 싫다.

 저녁에 간호사 언니가 혈압을 재러 왔다. 나는 그제야 입을 열었다.

 "피 검사요, 결과가 어때요?"

 "정상이야."

 간호사 언니는 해맑게 웃으며 말했다. 나도 기뻤다. 간호사 언니는 혈압을 다 재고 나서 한마디를 덧붙이고 나갔다.

"진짜 놀라울 정도로 정상이니까, 걱정 말고 푹 자."

아, 정말 감사하다. 자그마한 변화지만 기분이 좋다. 피 검사를 하려고 주삿바늘을 찔려도 반응 한 번 하지 않던 내가 기쁨에는 아주 민감하게 반응한다는 걸 깨달았다. 그리고 감사한 마음을 다시 한 번 되새기며 편안하게 잠이 들었다. 어쩌면 할아버지 제사에도 갈 수 있겠다는 희망이 살짝 보였다.

할아버지 첫 제삿날이 되었다. 첫 제사이기에 무척 가고 싶었다. 나는 그 사이 많이 좋아졌고, 걸을 수도 있다. 하지만 교수님의 허락을 받아야 한다. 나는 반성문을 제출하러 가는 학생의 심정으로 교수님에게 갔다.

"교수님, 저 정말 할아버지 제사에 가고 싶어요. 꼭이오. 이제 많이 나아졌으니 보내주세요."

교수님은 반성문을 검사하는 선생님처럼 심각해졌다. 나는 옆에서 반성문이 무사하게 통과되기를 바랐다.

"야호!"

나도 모르게 환호성을 질렀다. 교수님이 조심히 잘 다녀오라고 허락해주신 것이다.

"많이 나아져서 힘들지 않을 거예요. 잘 다녀오겠습니다."

나는 밝게 인사를 하고, 병실로 가서 할아버지 제사에 갈 채비를 했다. 무엇보다 옷을 단단히 입었다. 교수님이 주신 미션이었다. 환자복에서 벗어나 청바지를 꿰어 입으니 어찌나 설레던지……. 내 마음은 하늘을 날 것 같았다. 택시를 타고 가면서 마음이 뚝 떨어지지만 않았다면 얼마나 좋았을까? 편한 환자복에서 탈출한 내 다리는 청바지가 어색한지 불편하다고 투덜거렸다. 숨이 차고, 답답한 느낌이 계속 들었다. 하지만 나는 아직 혈액투석 중이라 물을 먹으면 안 된다. 물 한 모금만 먹을 수 있어도 덜 힘들었을 텐데, 머리 위에 물병이 떠다니는 것만 같아서 괴로웠다. '별로 힘이 안 들 줄 알았는데, 무척 힘이 드는구나'라고 생각하고 있는데, 할머니 댁에 도착했다.

어른들은 모두 내 걱정뿐이었다. 할아버지께 죄송했다. 오늘의 주인공은 할아버지인데, 내가 주인공 자리를 빼앗는 거 같았다. 할아버지의 영정 사진까지 나를 걱정하는 것 같아서 사진을 똑바로 쳐다볼 수 없었다. 나도 내가 아프다는 걸 아는데, 어른들은 꼭 그렇게 말을 해서 다시 생각하게 만들어야 하는 걸까? 어른들이 참 반가웠는데도, 하도 걱정하는 말을 많이 들으니 조금 짜증이 났다. 나를 위해 걱정해주는 거니까 감사해야 하겠지? 그렇게 생각은 했지만 쉽지 않았다. 역시 생각대로 행동을 하는 건 어려운 일이다.

할머니 댁에 오래 있지는 못했다. 결국 제사 준비만 보고, 제사를 끝까지 보고 오지는 못했다. 하지만 그래도 바깥 공기를 마시고, 할머니 댁에 갈 수 있다는 것은 기쁜 일이었다. 병원에 돌아와서 바로 환자복으로 갈아입었다. 그렇게 탈출하고 싶었던 병원인데, 외출했다가 돌아오니 내 집처럼 편안하다. 그렇게 벗어버리고 싶던 환자복인데, 다시 꿰어 입으니 집에 있는 잠옷처럼 편하다. 이제는 병원의 모든 게 익숙해져 버렸나보다.

나는 결국 감기에 걸려 며칠 동안 고생했다. 하지만 할아버지 제사에 다녀온 것은 참 잘했다고 생각한다. 해보지 않고 후회하는 것보다는 해보고 후회하는 게 백 번 천 번 낫다고 생각한다. 은비야, 참 잘했어!

천사 같은 선생님

 몸이 많이 좋아졌다. 이대로 회복이 되면 퇴원을 해도 된다고 했다. 그 말에 기분이 좋아서 헤벌쭉 웃고 있는데, 엄마가 더 기분이 좋아지는 말을 했다.

 "은비야, 담임 선생님이 오신다는데?"

 학교에는 많이 못 나갔지만, 나를 무척 사랑해주는 담임 선생님이 오신다고 했다. 정홍채 선생님. 이름도 멋있고, 성격도 좋은 우리 선생님. 내가 나중에 중학교 2학년 시절을 떠올리면 가장 먼저 떠오를 것 같은 우리 선생님. 나를 보러 온양에서 서울까지 오신다니 정말 감동이었다. 나는 부리나케 머리를 감고 점심을 먹고 있는데, 선생님께 전화가 왔다.

 "은비야, 뭐 먹고 싶은 거 말해봐. 선생님이 사갈게."

"괜찮아요. 그냥 선생님만 오시면 돼요."

나는 이렇게 말했는데, 선생님은 오시는 도중에 사고 싶은 걸 다 사셨는지, 음식을 잔뜩 들고 오셨다. 병실 안으로 들어서는 선생님은 천사 같았다.

"잘 지냈니?"

"네. 아주 잘 지냈어요."

그 순간만큼은 아픈 것도, 힘들었던 것도 다 잊어버렸다. 나는 선생님에게 궁금한 친구들의 소식과 학교에서 일어난 일들에 대해 물었고, 선생님은 친절하게 대답해주셨다. 선생님과 나는 아주 많은 이야기를 나누었다. 한 시간이 일 분 같았고, 두 시간이 일 분 같았다.

"선생님, 안녕히 가세요."

"그래, 선생님이 시간 내서 또 올게. 하긴 그 전에 퇴원해야지?"

나는 웃으며 고개를 끄덕였다.

선생님의 뒷모습을 보고 있으니 눈물이 찔끔 나왔다. 선생님을 따라 학교에 갈 수 있다면 얼마나 좋을까? 병원에 더 있어도 상관없다고 생각했는데, 얼른 퇴원하고 싶어졌다.

다음 날, 혈액투석을 마지막으로 했다. 복막투석은 또 시작해야 하지만, 그래도 마음이 편하다. 복막투석은 혈액투석에 비해 음식 제한이 거의 없고 활동도 자유롭게 할 수 있다. 훨씬 쉽고 간편하고 힘들지 않다. 혈액투석은 음식과 물을 제한해서 정말 참기 힘들고 고통스럽다. 혈액투석이 끝나면 이제는 소아신실에 올 일이 없다. 시원섭섭하다. 아, 이제 혈액투석 관을 빼는 일만 남았다. 이제는 아픔을 참지 않아도 되고, 아픈 일도 없을 거라 생각하니 기쁘다. 정말이지, 이제는 기쁘다.

우울증, 하늘나라에서는 안 아프겠지?

복막투석을 시작했다. 이제는 걱정을 안 해도 되겠지 생각했는데, 그게 아니었다. 허리가 아파서 엑스레이를 찍어보니 도관이 자리를 잡지 못하고 허리에 가 있다고 했다. 그 원인은 변비라고 했다.

"저는 하루에 한 번 이상 똥을 잘 싸는데요. 왜 변비가 있는지 이해가 안돼요."

내가 이렇게 말하자, 선생님은 엑스레이 찍은 것을 보더니 설명해주었다.

"수술하고 누워만 있을 때 저기에 변이 쌓인 거 같아. 관장을 해야겠다."

나는 정말 하기 싫은 관장을 또 했다. 관장은 정말 고통스럽다.

고통을 참고 있으면 도저히 참고 싶지 않다는 생각이 들 정도로 고통스럽다. 나는 왜 이렇게 참아야 하는 걸까? 괜히 억울했다. 그냥 여태까지 내가 감당해왔던 고통이, 참고 눌렀던 모든 아픔이 복받쳐왔다. 울음이 나왔다.

대수술을 하고도 별로 힘들다는 내색을 하지 않았다. 잘 견뎠고, 복막수술만 끝나면 내 고통은 이제 없을 줄 알았다. 그런데 변비에, 관장에……. 이렇게 대수롭지 않은 일에 무너져 버렸다. 계속 힘든 삶을 사는 사람의 마음도 이런 걸까? 큰 고비들을 넘기고 잘 견디며 살았는데, 이제는 아무 일도 없겠지 생각하다가 작은 일이 터지면 무너지는 마음. 그 마음들이 다 내 마음 같다.

한 번 무너진 마음은 다시 일어나 보려는 생각을 하지 않았다. 고개를 들어보지도, 햇살을 그리워하지도 않았다. 그저 계속 쏟아져내리는 소나기 속에서 우산도 쓰지 않은 채 웅크리고 있었다. 엄마는 걱정이 되었는지, 의사 선생님께 알렸고, 결국 정신과 선생님과 상담을 했다. 상담을 하는 내내 슬펐다. 여태까지 힘들었던 모든 장면이 영화처럼 눈앞에서 스쳐 지나갔다.

"은비야, 혼자 다 감당하려고 하지 말고 힘들 때는 말을 해야 해. 부모님한테든, 친구한테든 말을 해야 마음의 병이 생기지 않아."

선생님은 타이르듯 말했다.

"엄마, 아빠, 동생한테도 무조건 다 미안하기만 해요. 그런데 어

이번 일주일은 학교를 쉬었다. 감기가 걸리고 심장에 무리가 와서
잠도 못자기 때문이다. 아, 이래서 겨울 동안 학교를 어떻게 다녀야 할지...
아냐, 하나님이 함께 해주실거야! ^^
난 죄송하고 미안하다. 선생님, 부모님, 집사님식구들, 친구들 등...
내가 빨리 나아야 할텐데... 덕분에 일주일은 푹 쉰다.
이젠 내일부터 새롭게 시작하는 마음으로 학교로 갈 것이다.
김유비 잘하자! 왠지 모르게 떨린다고나 할까? ㅋㅋ
가서 아라랑도 친해지고 싶다. 아니 그 친구를 닮고 싶다.
🐛 그런 따뜻한 마음을 ♥ 기도하다보면 친해지겠지ㅋ
요즘은 묘한 느낌이 날 기분좋게 해준다. 설레이라고 하기엔
너무 과장되었고 기쁘다고 하기에도 뭔가 무엇이 난
행복한 사람으로 만들어준다. 아무래도 하나님이 주신 것 같다.
                모교   내일 잘하길...
흥١١١

  나를 기대해보자!
        날 사랑해보자!

    '응... 내일 어떤일이 내에게 일어날까? ㅅㅅ

떻게 말을 해요."

　나는 울면서 대답했다. 우울증 초기라는 진단이 나왔다. 처방받은 약을 먹으니, 잠은 잘 잘 수 있었다. 하지만 감정 조절이 안 된다. 무작정 울고 싶었다. 소리를 내고 싶은 만큼 크게 내면서 땅바닥에 주저앉아 발을 구르며 울고 싶었다. 그렇게 꼬마처럼 울고 있다가 누군가 안아주었으면 좋겠다. 하나님이든 아빠든 엄마든 나를 꼭 안아주고 괜찮다고 말해주었으면 좋겠다. 그 품에 안겨서 내가 왜 아파야 하냐고 막 투정을 부리고 싶었다. 어린이처럼 큰 소리로 울면 누가 안아주었으면 좋겠다.

　늘 아파서 나보다는 부모님을 먼저 생각하는 게 습관이 되었다. 되도록 아프다는 말을 하지 않고, 힘들다고 안 했다. 엄마와 아빠가 나한테만 집중해 있으니, 은선이에게도 미안했다. 그런데 이제 은선이도 나한테 무조건 잘해주었으면 좋겠다. 툭툭대며 말하지 말고, 나는 아픈 언니니까 잘해주었으면 좋겠다.

　내 마음과 내 생각들을 보고 있자니 짜증이 난다. 내가 한없이 작아진다. 내가 왜 이런 고통으로 힘들어 해야 하는지 억울하고 힘들다. 목구멍에 뭐가 막힌 것 같다. 숨을 쉴 수가 없다. 그냥 지금, 하나님이 하늘나라로 데려가신다면 고통은 없지 않을까?

모두 보고 싶을 거야

 내일 퇴원을 하게 되었다. 감정의 기복이 아직도 계속되고 있지만, 조금은 잦아들었다. 외래 진료를 받으러 올 때 정신과도 들르기로 했다. 감기 때문에 입원해서 길어도 보름이면 퇴원할 줄 알았는데, 정말 상상할 수도 없는 수술로 이어졌다. 신장이식수술이 성공하지 못한 건 아무도 예상하지 못한 일이다. 그 일을 겪고 두 달이 흘렀다. 그래도 수술 담당 교수님께 사과도 받고 내 병원비가 면제되었다. 이미 지난 일이니까 좋은 경험이었다고 생각하자.
 어쨌든 퇴원은 좋은 일이다. 더 큰 짐을 가지고 가는 건 아닌지 문득 걱정이 되기도 하지만, 좋은 일이라고 생각하기로 마음먹었다. 하지만 한 가지, 병실 사람들과 헤어지는 건 아쉽고 슬프다. 나와 엄마를 제일 많이 이해해주고 공감해주는 사람들과의 이별은 정말 나를 힘들게 한다. 내가 아픔을 통해 얻을 수 있었던 귀중한 것이 있다. 아픈 사람의 마음을 이해하면 나 자신을 더 이해할 수 있다는 것이다. 내가 아프지 않았다면 죽었다 깨어나도 모를 일이다.

엄마도 나만큼이나 아쉬운지 작은 파티를 열자고 했다. 나는 흔쾌히 동의했다. 엄마는 족발과 보쌈을 주문했다. 병실 사람들이 둘러 앉아 음식을 먹으며 두런두런 이야기를 나누었다. 우리의 작은 파티는 어떤 호텔의 파티보다 즐거웠고 풍성했다. 항상 자리에만 있지만 가끔씩 아주 활짝 웃어주는 미숙아 채수, 나와 나이가 같아서 많이 공감이 되는 명랑한 친구 란이, 나와 한 번도 대화를 나누지는 않았지만 파티에서는 아쉬운 마음을 표현해준 일곱 살 귀염둥이 희엽이…….

내일이 되면 모두 헤어져야 하는구나. 아쉬운 마음에 잠이 오지 않아 침대에 앉아서 둘러보았다. 간절한 마음으로 기도하고 누워야겠다. 모두 건강해져서 퇴원하게 해달라고. 아, 내 소중한 친구들, 정말 모두 보고 싶을 거야. 너희를 위해 기도할게, 안녕.

아빠가 사준 중고 휴대전화

우리 가족은 이사를 가게 되었다. 엄마처럼 나를 사랑해주는 안 집사님 댁으로 이사를 간다. 나와 엄마는 안 집사님 댁과 가까운 곳으로 이사를 가고 싶어서 기도했는데, 마침 안 집사님 댁에 세 들어 있는 사람이 나가겠다고 했다. 엄마와 나는 아빠를 설득했고, 결국 이사를 가기로 했다. 정말 설레었다.

오늘은 이사하는 날. 우리는 이삿짐센터보다 먼저 가보기로 했다. 그 집에 가서 한 번 둘러보고, 예배도 드리기로 했다. 아빠가 볼일을 보고 데리러 오기로 했는데, 한참이 지나도 오지 않았다. 나는 기린처럼 목을 빼고 아빠를 기다렸다. 마침내 아빠가 오셨다.

집은 아주 깨끗했다. 집을 둘러볼 틈도 없이 목사님과 사모님, 안 집사님이 도착해서 예배를 먼저 드렸다. 목사님의 말씀과 우리가 함께 부른 찬송가는 나를 감동시켰고, 지난 힘든 일들이 한 장면씩 떠올랐다.

나는 이사를 와서 마음이 더 편해지고 행복해졌다. 왠지 약도 잘 챙겨먹게 되고, 아침마다 꼬박꼬박 밥을 찾는다. 더 좋은 건 잠을 푹 잔다는 거다. 지난 2년 동안 한 번도 깊게 잠을 자지 못하던 내가 이렇게 매일 단잠을 자다니, 나도 믿기지 않는다. 잠을 잘 자서 그런지 컨디션도 좋아졌다. 아직도 하루에도 열두 번은 기분이 바뀌기는 하지만, 잘 이겨내 보려고 한다. 기쁘게 생각하다가도 갑자기 혼자 있고 싶은 마음. 그런 마음이 들면 가슴이 답답해져서 가슴을 막 치며 울었다. 울고 나면 또 언제 그랬냐는 듯이 헤헤거리며 웃는다.

"은비야, 휴대전화 사줄까?"

아빠는 내가 안쓰러웠는지 그렇게 말했고, 내 마음에는 기쁨이 퐁 솟아올랐다. 하지만 그 기쁨을 내색하면 안 될 거 같아서 되도록 차분하게 물었다.

"아빠, 왜? 내가 요즘 이상해서 불쌍해?"

"아니. 그런 말이 어디 있어. 그냥 요즘 애들 다 휴대전화 가지고 있으니까, 너도 사줘야 할 거 같아서."

"정말?"

나는 동그래진 눈으로 아빠를 쳐다보며 물었다. 내 마음속의 기쁨은 결국 숨어 있지 못하고 불쑥 얼굴을 내밀었다. 아빠는 피식 웃으며 말했다.

"옷 챙겨 입어. 나가자."

나는 방으로 들어가 옷을 챙겨 입었다. 콧노래라도 부르고 싶었지만, 참았다. 사실 나는 휴대전화를 무척 갖고 싶었다. 하지만 병원비도 많이 들어서 아빠가 힘들어하는데, 또 나 때문에 돈을 쓰게 할 수 없었다. 그런데 아빠가 먼저 말해주다니 미안하면서도 고맙다.

나는 아빠와 휴대전화 가게로 갔다. 사실 내가 갖고 싶은 휴대전화는 스카이 붐붐이다. 얼마 전에 광고를 보고 마음속으로 찜해두었다. 그런데 정말 많이 비쌌다. 아마 최근에 나온 거라서 더 그런 거 같았다.

"아빠, 다른 데도 가보자."

나는 아빠에게 작은 소리로 말했다. 아빠는 고개를 끄덕거리고 "둘러보고 올게요" 하고는 함께 나왔다. 하지만 두 번째 가게에서도 스카이 붐붐은 비쌌다. 세 번째도 그랬다. 그런데 세 번째 가게에서 추천해주는 휴대전화도 예뻤다. 하지만 그것도 만만치 않게 비쌌다. 아빠와 내가 망설이니까 가게 주인은 상태가 좋은 중고폰을 권해주었다. 가격은 25만 원. 그것도 적은 돈은 아니지만, 그래도 다른 휴대전화에 비하면 아주 싼 편이었다. 아빠는 중고인데 괜찮겠냐고 묻더니, 내가 괜찮다고 하니까 그 휴대전화를 구입했다. 돈을 내는 아빠의 모습이 왜 이렇게 안쓰러워 보였을까?

정말 아빠에게 미안하다.

  나는 이사온 후로 집이 좋아졌다. 방에 누워 있으면 몸과 마음이 편안하다. 오늘도 단잠을 자야지. 내일은 기분이 조금만 중심을 잡아주었으면 좋겠다. 지금 내 옆에는 새로 산 휴대전화가 놓여 있다. 내 것이 돼서 그런지, 붐붐 못지 않게 예쁘다. 머리맡에 두고 자야지. 내일은 친구들에게 전화번호를 알려줘야겠다. 아빠에게는 미안하지만, 휴대전화를 갖게 돼서 참 기쁘다.

좋아질 거야

 어제는 큰엄마 생신이었다. 내가 정말 좋아하는 큰엄마 생신이라 외래 진료를 앞둔 떨림은 잊어버리기로 했다. 퇴원하고 첫 외래 진료라서 많이 떨렸지만, 가족들과 모인 자리이니 기쁜 생각만 하고 싶었다. 할머니와 큰엄마네 가족, 우리 가족이 모여서 음식을 먹는데 행복했다. 아빠가 사온 회는 진짜 맛있었고, 가족끼리 나누는 이야기도 맛있었다. 사촌언니들이지만 친언니들 같다. 언니들에게는 부끄러운 것도 없어서 좋다. 큰엄마가 건강하셨으면 좋겠다. 정말로 좋은 우리 큰엄마. 항상 고생을 많이 하는 우리 큰엄마. 나는 집에 와서 큰엄마를 위해 기도하고 잠이 들었다.
 하루가 지났다. 결국 외래 진료를 가는 날이 오고야 말았다. 이제 나는 두 군데의 외래를 본다. 신장과 심장. 퇴원하고 처음 있는 외래인데, 심장 외래는 생전 처음이라 더 떨렸다.

"엄마, 나는 약도 잘 먹고 잠도 잘 잤으니까 더 좋아졌겠지?"

"응, 그럴 거야."

나는 자신감을 가지려고 엄마에게 물었고, 엄마의 대답에 정말 자신이 생겼다.

먼저 심장 전문 교수님을 만났다. 교수님은 여러 차트를 보더니 말씀하셨다.

"신장이식을 해야만 심장이 좋아질 수 있어요. 이식을 합시다."

"이미 신장이식을 한 번 했잖아요. 실패였던 거 아시죠?"

"그러니까 서둘러야죠. 그리고 전보다는 상태가 좋아졌습니다."

"아, 그래요?"

"네. 많이 나아졌으니 희망적으로 생각하세요."

"네, 감사합니다."

엄마는 나아졌다는 말에 이식수술에 대한 염려는 잊어버린 것 같았다. 외래 진료를 끝내고 표정이 한결 밝아졌다. 신장 담당 선생님도 많이 좋아졌다고 말씀하셨다.

'그럼 이식을 안 해도 점차 좋아진다는 거야. 은비야, 힘내고 기도 열심히 하자.'

나는 마음속으로 생각했다.

수영하고 싶단 말야

오늘은 내 생일이다. 그런데 아침부터 이상하게 기분이 제로다. 요즘 계속 엄마한테 서운하다. 내가 아픈 걸 엄마가 더 위로해주고 알아주었으면 좋겠다. 내가 뭐 대단한 사람이라고 나를 위하기만 바라는지 나도 내가 한심하다. 하지만 엄마가 나보다 다른 사람을 챙기면 그냥 이유 없이 서운하고, 서운해서 울고 싶고, 울고 싶어서 먹기 싫다. 예전에는 내 마음을 조절할 수 있었지만, 지금은 그게 잘 안 된다. 내 마음대로 하는 게 없는 거 같아서 억울하다. 내가 여태까지 힘들고 아팠던 게 자꾸 한꺼번에 떠오르고 감정 조절이 잘 안 된다. 내 마음에 평화가 찾아오기를 더 기도해야겠다.

오늘은 내 생일이고, 중간고사 둘째날이기도 하다. 역시나 수학에서 망쳤다. 내가 시험 때문에 더 스트레스를 받아서 엄마에게 핑계를 댔나 싶기도 하다. 공부도 잘하고, 학교도 좋아했던 내가 아프다는 이유만으로 학교도 못 가고, 공부 진도도 잘 따라가지 못하는 게 싫다. 아파도 다 잘 해내는 아이이고 싶은데, 그게 말처럼 쉽지 않다. 천천히 다시 올라가자고 생각했는데, 막상 수학시험에서 딱 막히니 답답해졌다.

"은비야, 항상 평강을 유지해."

엄마는 걱정이 돼서 한 말인데, 나에게는 비수가 되어 가슴을 찔렀다. 나도 그러고 싶은데, 내 마음대로 안 되는 걸 나보고 어떡하라고……. 계속 서운해진다.

사촌언니들이 선물을 들고 찾아왔다. 인애 언니는 예쁜 옷과 케이크, 영애 언니는 티니위니 책가방을 주었다. 선물이 모두 마음에 든다. 무엇보다 이런 언니들이 내 곁에 있다는 걸 감사해야 한다. 나는 주는 것도 없이 매번 받기만 하는데 언니들은 나를 사랑해준다. 그 사실을 알면서도 나는 외롭고, 나만 동떨어졌다며 투덜거린다. 나를 사랑해야 할 텐데, 그게 잘 되지 않는다.

"하나님, 제가 건강이 회복되어야 이런 마음도 없어질 거 같아요. 아니, 병만 나으면 이런 마음은 확실히 없어져요. 제가 장담할게요. 물속에도 들어가고 싶고, 친구들과 심한 장난도 치고, 무엇이든 마음대로 먹을 수 있고, 마음껏 뛸 수 있게 해주세요. 하나님이 낫게 해주고 싶으시다는 거 믿어요. 하지만 생각하셨던 것보다 조금만 빨리 낫게 해주세요."

나는 기도를 하고 누웠다. 만성신부전증이란 병이 나에게 찾아오지 않았다면 이렇게 기도를 하면서 하나님과 친하게 지내지 못했을 것이다. 언니들과도 이렇게 가깝게 지내지 못했을 것이다. 사실 내가 견디기 어려운 일과 아픔이 많았지만, 그로 인해 믿음이 생겼고, 나를 사랑해주는 많은 사람이 많다는 것도 알게 되었다. 고난이 때론 행복으로 돌변해 나에게 안기는 순간들은 정말 말로 표현할 수 없는 기쁨을 주었다. 오늘을 행복하게 살자. 그래야 내일이 오늘이 돼도 또 행복할 수 있지. 그만 가라앉자, 김은비! 베리베리 생축!

요동치는 내 서운함 속으로 풍덩!

 나는 정말 바보다. 하나님이 지켜주실 걸 믿으면서도 자꾸 서운한 생각이 들어 우울해진다. 왜 이러는 건지, 이러고 있는 나를 나도 이해할 수 없다. 그냥 다 서운하다. 아무 이유 없이……. 사람들은 모른다. 이야기를 가장 많이 하는 엄마도 모른다. 하나님은 아실 거다. 내 이런 마음과 아픔을……. 하지만 가끔은 사람들이 알아주었으면 좋겠다. 나와 이야기를 하고, 함께 살고 있는 사람들이 내 마음속에 들어갔다 나왔으면 좋겠다. 갈수록 소심쟁이가 되고, 요동치는 감정 때문에 종잡을 수 없는 나지만……. 그래도 그냥 모든 걸 이해해주었으면 좋겠다.
 은선이에게 신경질을 냈다. 그리고 은선이가 별로 대수롭지 않게 생각하는 거 같아서 버럭 화를 냈다. 나보다 어린 동생이지만,

나는 아프니까, 그냥 위로해주면 안 되는 건가? 아, 철없다. 내가 어이없는 걸 나도 알지만, 그래도 그래도······.

다른 사람들은 이런 글을 쓰고 이런 마음을 가지고 있는 나를 이상하게 생각하겠지? 그들은 내가 아니니까, 아무리 친해도 내가 될 수 없는 거니까······.

오늘은 나에게 많이 고마운 친구 혜진이 생일이다. 많이 부족한 나에게 많은 것을 준 친구······. 그렇지만 교회를 안 다녀서 걱정이다. 천국에서 또 만나고 싶은데······. 조만간 그렇게 되리라 믿는다. 이런 생각을 하면 꼭 낫고 싶다. 사람들이 다 죽는다고 해도, 하나님의 은혜로 꼭 나아서 하나님이 고쳐 주셨다고 말하고 싶다. 기적이 나에게 오고, 내가 기적이었으면 좋겠다.

혜진이의 생일 기념으로 영화관에 갔다. 준영이, 혜진이, 찬송이, 미나, 방구······. 그런데 다들 시간이 안 되거나 일이 생겨서 결국에는 나, 혜진이, 찬송이, 방구만 갔다. 오지 않은 친구들을 떠올리니 또 서운함 속으로 풍덩 빠지고 싶어졌다. 나도 가지 말걸 그랬나? 하지만 약속이었고, 혜진이는 내 절친이니 간 게 맞다고 생각했다.

천안역에 있는 극장에 갔다. 혜진이는 무서운 영화를 보자고 했고, 친구들은 동의했다. 하지만 나는 안 된다. 나는 심장 때문에 무서운 것을 보면 안 된다. 하지만 말은 할 수 없었다. 뭐라고 하나? 오랜만의 나들이에 신난 친구들의 기분을 나 때문에 망치

게 할 수는 없다. 표를 끊어놓고 시간이 남아서 파파이스로 갔다. 친구들은 영화가 기대된다며 난리였다. 나는 도무지 어떻게 해야 하는지 몰랐다. 친구들은 몰라서 그런 건데, 괜스레 또 서운함이 밀려왔다. 태풍 같은 서운함. 곧 눈물이 날 것만 같았는데, 엄마에게 전화가 왔다. 엄마가 무리라고 그냥 오라고 했다. 구세주 같았다. 친구들에게 미안하다고 하고 일어났다. 친구들도 내가 아프니 어쩔 수 없다고 생각하고 보내주었다. 그것조차도 서운할 건 뭐람. 내가 생각해도 이상하다.

"친구들과 못 놀아서 서운해?"

엄마는 괜히 미안했는지 내 눈치를 보며 물었다.

"아니야. 아무렇지도 않아."

나는 정말 아무렇지도 않았다. 그래, 서운함에 풍덩 빠져서 허우적거리는 것보다는 백 번 낫다. 아무렇지도 않다, 아무렇지도 않다, 나는 정말, 아무렇지도 않다.

내가 사는 이유, 바로 가족

 오늘은 좀 힘들었다. 뭔가를 먹고 싶은데 밥은 싫다. 라면은 먹을 수 있을 것 같은데 엄마가 안 된다고 한다. 영어 공부를 시작했는데, 작심삼일로 끝났다. 되는 일이 없는데 먹을 수 있는 것도 없으니 답답하다. 그럼 잠자코 방 안에 처박혀 있으면 될 걸, 괜히 엄마와 아빠에게 짜증내고 상처를 주었다. 말로만 부모님 생각하고, 행동은 세상에서 제일 큰 불효를 저지르는 딸이다.
 매일 술을 마시고 담배를 피우는 아빠가 걱정이 되는데, 요즘 부쩍 더 힘들어하는 엄마의 모습을 볼 때마다 미안한데, 모두 나 때문에 아빠와 엄마가 한숨을 쉬는데……. 사랑스러운 말 한마디 건네도 시원치 않은데, 짜증이라니……. 나는 그것도 모자라 동생을 혼내기까지 했다. 은선이도 나 때문에 손해 보고, 상처받은 아이인데……. 화가 난 그 순간을 참지 못해 싸우다가 결국 때리고 맞았다. 은선이도 참기 힘들었을 텐데, 내 상태가 그랬다. 나는 싸우고 난 후에 금방 후회하고, 은선이에게 말을 걸었다.

"은선아, 이야기 좀 해."

은선이가 그동안 쌓인 이야기를 쏟아놓았다. 얼마나 많이 오랫동안 쌓였던 걸까? 은선이 말대로 나는 정말 이기주의자인 걸까? 이상하게 내 생각만 하게 되고 말도 심하게 하게 된다. 그 피해자가 은선이가 된 거 같아 미안했다.

"미안해."

은선이는 내 사과에 흠칫 놀랐다. 나는 말을 이었다.

"내 감정에 변화가 생겼어. 네가 이해해줘. 나도 잘 조절이 안돼."

눈물이 난다. 은선이의 눈에서도 눈물이 흐른다. 눈물과 눈물은 서로 화해를 한다.

이렇게 고백하면 되는 건데, 솔직히 말하기란 왜 그렇게 어려운 걸까? 더군다나 모든 문제의 원인을 안고 있는 나는 내가 결국은 문제덩어리라고 시인하는 거 같아 힘들다. 입술이 바위 같다. 바위 틈 사이로 말을 꺼내는 게 정말 힘이 든다.

가족이 없었다면 나는 어땠을까? 아마 벌써 하나님 나라에 갔을 것이다. 하나님, 정말 고통스러우니 데려가세요. 악을 썼을 것이다. 골백번도 더 그랬을 거다. 하지만 살고 싶었다. 천국도 좋은 곳이란 걸 알지만, 나 하나라면 그곳으로 가도 상관없지만, 엄마와 아빠와 은선이와 헤어지고 싶지 않았다. 하루라도 더 가족을 보고 싶어서 견뎠다. 아주 편해서 소중함을 잊어버리고 악을 쓰지만, 사실 세상에서 제일 소중한 우리 가족. 가족은 내가 사는 이유다.

나, 어떡하죠?

　토요일이다. 열흘 후에 외래 진료가 있어 지방 채혈을 하기 위해 당진에 있는 병원에 가야 한다. 그래서 학교도 1교시만 하고 나왔다. 나는 지방 채혈을 별로 좋아하지 않는다. 컨디션이나 몸 상태가 안 좋은 아침에 지방 채혈을 해서 결과가 별로 좋지 않을 것 같은 선입견이 있다. 지방 채혈을 하러 갈 때는 꼭 멀미를 심하게 해서 더 싫다. 그런데 이번에는 신기하게 멀미를 하지 않았다. 하지만 검사를 마치고 집으로 오는데, 갑자기 멀미가 심하게 났다. 금방이라도 토할 것 같았.

　언제부턴가 나는 겁쟁이에 엄살쟁이가 되었다. 아픔을 용납하기 싫다. 아니 용납하면 내 몸에 무리일 것 같아 미안하다. 그리고 조금이라도 아프면 억울하다. 내가 여태까지 아픈 것 다 참았는데 고작 나한테 온 건 또 아픔인가? 이런 생각이 든다.

"그래도 더 아프고 고통스러운 사람도 많은데, 그 사람들보다는 낫잖아."

엄마는 이렇게 말한다. 그런데 나는 수긍할 수 없다. 내 몸과 남의 몸을 같다고 생각할 수는 없다. 나는 죽을 듯이 아프고, 내 몸은 아파서 미치겠다고 한다. 다른 사람이 얼마나 아플지 생각하고 싶지 않다. 내가 세상에서 최고로 고통스러운 것 같다. 내가 그렇듯 내가 아닌 다른 사람도 그렇기 때문에 엄마는 그런 말을 하겠지. 하지만 그럴 거라 예상할 뿐, 그 이상은 이해하고 싶지도 알고 싶지도 않다. 나는 정말 어떻게 해야 하는 걸까?

혜진이를 만났다. 그런데 나도 모르게 이상한 반응을 했다. 혜진이는 그냥 한 말인데 내가 서운하다고 화를 냈다. 혜진이는 내 감정과 고통을 모르니까, 그럴 수 있는 건데……. 내가 이상한 건데, 혜진이는 미안하다며 나를 위로해준다. 왈칵 눈물이 났다. 요즘은 한 번 눈물이 나오면 멈추지 않는다. 힘들었던 모든 일이 필름처럼 지나가 내 가슴을 아프게 한다. 혜진이는 내 이런 모습이 어이없고 낯설었을 텐데……. 나는 그냥 계속 울어버렸다. 혜진이는 어찌할 바를 모르고 옆에 가만히 서 있었다. 나는 내가 왜 이러지, 생각하면서도 자꾸 옛날 생각이 나서 한없이 울었다. 열심히 웃고 활발했던 내가 그립다. 나는 어쩌면 좋을까?

내일은 외래 진료를 보러 가는 날이다. 그 생각을 하니 가슴이 답답해졌다.

"아이스크림 사러 갔다 올게요."

핑계였다. 그냥 혼자 나가서 바람이라도 쐬고 싶었다.

"삐쳤어? 같이 가자."

엄마는 참……. 그동안 괜히 억지 부린 것까지 다 미안해지게 삐쳤냐고 묻는다. 삐칠 일이 하나도 없었는데…….

"아니야, 엄마. 얼른 갔다 올게."

엄마의 걱정 어린 표정을 보았지만, 모른 척하고 나와 버렸.

밖에 나와서 찬 공기를 마시는데도 가슴이 답답하고 힘들다. 이젠 익숙할 때도 된 것 같은데 힘이 든다. 목구멍에 뭐가 막혀 있는 것 같다. 그냥 주저앉아 울고 싶다. 내가 왜 이러는지 그 이유를 모르는 게 가장 답답하고 맥이 빠진다. 혼자 떨어져 있는 것 같아 외로우면서도 사람들 곁에 가고 싶지 않다. 나 혼자 컴컴한 동굴 속에서 있고 싶다. 이상하다. 하늘을 올려다본다. 달도 별도 나를 보며 찡그린다. 내가 그렇게 못마땅한 걸까? 하나님, 하나님도 그런가요? 그러면 나는 어떡하죠?

철없다, 정말

 외래 진료를 가는 날, 학교를 안 갔다. 내가 정말 철이 없다고 느껴지는 건 이럴 때다. 병원에 갔을 때는 그렇게 학교에 가고 싶었는데, 요즘에는 매일 가니까 한 달에 한 번 외래 진료 때문에 학교를 빠지는 게 재미있다. 하지만 정말 내 몸이 낫는다면 이런 재미는 바로 반납할 수 있다.

 외래 검사 결과, 인 수치와 포타슘 수치가 올라갔다. 즉, 유제품이나 고기, 과일을 많이 먹으면 올라가는 수치다. 그 수치가 올라간 건 안 좋은 거다. 하지만 낙심하지는 않았다. 앞으로 더 조심하고 약을 더 잘 먹으면 된다.

 집에 도착하니, 정말 쓰러질 것 같았다. 나는 추위에 떨어서 몸이 아픈 줄 알고 한숨 자면 괜찮겠지 생각하고 9시쯤 잠자리에 누웠다. 그런데 잠은 안 오고 아픈 건 더욱 심해졌다. 엄마는 내 증상이 점점 심해지니 안 집사님을 부르셨다. 안 집사님이 기도를 해주니 열도 내리고 숨 쉬는 것도 많이 괜찮아졌다. 안 집사님은 성경 구절을 들려주셨다.

"두려워하지 말라 내가 너와 함께 함이라 놀라지 말라 나는 네 하나님이 됨이라 내가 너를 굳세게 하리라 참으로 너를 도와주리라 참으로 나의 의로운 오른손으로 너를 붙들리라."

〈이사야〉 41장 10절 말씀이다. 그 말씀을 들으니 마음이 다시 평온해졌다. 그런데 그때 들어오는 아빠를 보고, 나는 또 철없는 생각을 했다.

'아빠는 내가 아플 때 왜 술을 마시고 와. 내가 많이 아픈 날은 꼭 술을 마시고 오더라.'

아빠도 힘들어서 술을 마시고 온다는 걸 알면서도, 왜 이런 생각을 하는 걸까? 철없다, 정말.

철없는 나는 또 응급실로 갔다. 앞으로 복막투석 관을 빼러 갈 일만 남은 줄 알았는데, 그때까지 응급실은 안 갈 줄 알았는데, 가고야 말았다. 차를 타고 가는 동안 답답하고 숨이 막혀서 미칠 것 같았다. 겨우겨우 참고, 응급실 도착! 항상 있는 응급실 언니가 나를 반겨주었다. 그런데 자리가 없어 의자에 앉았고, 힘들었다. 빨리 무슨 대책이 나오기만을 기다리고 있는 동안 엑스레이 검사, 피 검사 등을 했다. 그러다보니 훨씬 나아졌고 자리가 났다. 일단

투석을 빨리 해보기로 했다. 그래서 투석 준비를 하는데 그냥 기분이 나빠졌다. 사람들이 왜 쳐다보는지, 어쩌다 사람들과 눈이 마주치면 싫었다. 다행히도 투석을 시작한 즉시 호전반응이 보였고 나는 눈 깜짝할 사이에 평안해졌다. 이번에는 입원하지 않고 응급실에서 치료가 끝났으면 좋겠다.

  엄마가 떡볶이와 김밥을 사왔다. 그런데 먹기가 싫었다. 이러면 안 되는데……. 나는 죽어도 먹기 싫어서 다시 누웠다. 이 상황에서 제일 싫은 건, 좁은 데서 자야 한다는 거다. 김은비, 진짜 철없다.

울지마, 내가 더 미안했어

 오늘은 머리 위에 걱정덩어리가 얹혀 있는 하루였다. 체력장이 시작되었다. 하지만 나는 참가할 수 없다. 친구들이 다 운동장으로 나가고 혼자 교실에 있는 건 무척 외로운 일이다. 유리창을 사이에 두고, 저쪽 세계와 이쪽 세계가 나누어진 느낌이다. 내가 아픈지 알고 있는 사람도 많지만, 모르는 선생님이나 애들도 있다. 그럼 내가 교실에 있는 것을 보고 물어본다.
"왜 혼자 교실에 있니?"
 지난 체육시간에도 한 선생님이 물어보셨다.
"아파서요."
 나는 심드렁한 말투로 대답했다. 선생님은 꾀병이라고 생각하는 것 같았다. 꾀병이 아니면 감기쯤으로 여기는 눈치였다. 괜히 기분이 상했다. 그래도 오늘은 다행이었다. 친구 한 명이 눈병에 걸려 함께 있었다. 그런데 아뿔싸! 선생님은 내가 걱정되셨는지, 선생님을 따라다니며 보조 역할을 하라고 하셨다. 감사함과 난처함이 동시에 밀려왔지만 배려해주는 마음이 느껴져서 선생님을 따라 나갔다. 내가 왜 체력장에 참가하지 않고 선생님을 따라 다니는지 궁금해하는 몇몇 시선들이 느껴졌지만, 무시했다. 일일이 설명할 수도, 계속 기분 나빠 할 수도 없었다. 그래서 신경 쓰지 않으려고 노력했는데, 그게 성공했다. 욱하거나 화내지 않고 감정 조절을 잘했다. 체력장을 잘 마쳐서 기분이 좋았다.

체력장을 마치고, 정말 오랜만에 혜진, 슬비, 슬기와 함께 피자를 먹으러 갔다. 그동안 많이 놀지 못해서 스트레스를 받았는데, 오늘 많이 풀어진 것 같다. 이제는 몸이 좀 나아져서 작은 소원 하나가 이루어졌다. 친구들과 피자를 먹으러 가서 약 때문에 물을 달라고 하는 게 싫었다. 애들 앞에서 약을 먹는 것도 싫었다. 그래서 애들 앞에서 약을 안 먹는 게 내 작은 소원이었다. 그런데 그게 이루어지다니 기분이 정말 좋다.

집에 돌아오니, 얼마 전에 생긴 두 번째 작은 소원이 얼굴을 내밀었다. 첫 번째 작은 소원이 이루어져서 자신감을 얻은 모양이었다. 내 두 번째 작은 소원은 중1 때 사이가 안 좋아진 친구들과 화해하는 것이다. 내가 특별하게 생각했던 유진이와는 꼭 화해하고 싶었다. 그런데 기회는 좀처럼 오지 않았고, 그것 때문에 많이

걱정해서인지 한동안 입맛도 없고 입병까지 났다.

 9월 30일. 유진이 생일이 돌아왔다. 나는 생일을 핑계대고 화해하자는 마음이 들었다. 문자를 먼저 보냈다.

 '유진아, 생일 축하해. 나, 전화해도 될까?'

 '고마워, 전화해도 돼.'

 유진이의 답장이 오고, 나는 기뻐서 전화를 했다. 떨리고 또 떨렸다. 나는 힘들게 화해하고 싶다는 말을 꺼냈다. 그런데 갑자기 창피해져서 눈물이 나왔다.

 "울지 마. 내가 더 미안했어."

 이렇게 유진이가 말해주었다. 얼마나 고마웠던지……. 나는 간신히 눈물을 멈췄고, 유진이와 다시 연락하며 지내기로 했다. 히히, 그러니까 나의 두 번째 작은 소원도 이루어진 것이다. 아주 작은 소원이었지만 두 개가 다 이루어져서 기분이 아주아주 좋다.

나 때문에 늦은 엄마

 벌써 중3 마지막 중간고사를 보았다. 조금 있으면 고등학생이 된다니 믿기지 않는다. 절대 지나가지 않을 줄 알았던 힘든 시간들이 다행히도 그냥 지나갔다. 중간고사는 못 봤다. 당연한 일이다. 인정하고 싶지 않지만 나는 환자다. 아파서 학원도 못 다니고, 조금만 스트레스를 받으면 숨이 찬다. 늦게까지 잠을 안 자고 공부하면 다음 날 여지없이 온몸이 쑤시고 아프다.
 "시험이 중요한 게 아니라 네 건강이 훨씬 중요한 거야. 알지?"
 엄마는 말했다. 나는 고개를 끄덕였지만, 사실 내 머릿속에는 여러 가지 상상 풍선이 떠다녔다.
 내가 아프지 않다면, 수학쯤은 식은 죽 먹기다. 나는 원래 공부를 잘했고, 학교 수업을 좋아했다. 다른 아이들처럼 잠을 조금 덜

자고 공부해도 괜찮다면, 나는 밤새서 공부하고 쉬는 시간에 잠을 자고 수업 시간에 또 공부를 했을 것이다. 친구들하고 놀 때는 놀고, 공부할 때는 공부하면서 누구보다도 학교생활을 잘했을 것이다. 정말 자신이 있다.

하지만 아프다는 걸 인정하고 그저 학교에 갈 수 있다는 것도 나에게는 기적이라는 걸 안다. 그리고 감사하며 살기로 마음먹었는데, 요즘 컨디션이 조금 좋아지니까 자꾸 욕심이 생긴다. 공부를 조금씩이라도 해서 성적도 올리고 싶고, 체육도 해보고 싶다. 왠지 할 수 있을 것만 같았다. 하지만 그 욕심은 오늘 시험을 보면서 어디론가 줄행랑을 쳤다. 시험을 보는 내내 어지럽고 숨이 찼다. 얼마나 자존심이 상했는지 모른다.

"은비야, 괜찮아? 너는 참 대단한 거 같아."

예전에는 나보다 공부를 못했던 친구들이 이렇게 나를 위로한다. 그럴 때 친구들을 보면, 오히려 건강해서 공부에만 매달려 있는 모습이 안쓰럽기도 하다. 내가 아프지 않다면, 뭐든 지금보다는 잘했겠지. 하지만 나는 아프다. 아프지만 잘하고 있다. 아프고 싶지 않다고 갑자기 건강해지는 건 아니니까, 아픈 것은 인정하자. 인정해야 할 부분을 인정하지 않고 지나치면, 나중에 더 힘들잖아. 아프지만 잘한 거라고 생각하는 게 나한테 훨씬 좋은 것 같다.

밥을 잘 먹고 힘을 내고 싶은데, 요즘 변비 때문에 다시 입맛이 없어졌다. 밥을 먹고 싶은데 먹을 수 없으니 짜증이 났다. 그리고 은선이와 또 싸우고 말았다. 하루 종일 티격태격하다가 결국은 엄마한테 한 소리를 들었다. 왜 그렇게 얄미운지, 나 때문에 고생해서 미안하면서도 아픈 언니에 대한 배려가 전혀 없다. 엄마가 속상해할까봐 참았다. 내가 아프지 않다면, 진짜 확 이겨버릴 수 있었는데 봐주었다.

엄마가 운동을 하자고 해서 동네를 한 바퀴 돌았다. 오랜만에 운동을 해서 그런지 기분이 상쾌해졌다.

'내가 아프지 않다면, 엄마한테 더 잘했을 텐데……. 우리 엄마, 나 때문에 고생해서 많이 늙었다.'

이런 생각이 들어서 눈물이 핑 돌았다. 엄마가 나를 보고 웃었다. 나도 엄마를 보고 웃었다. 그 시간만큼은 내가 아프지 않은 거 같아서 참 좋았다.

기적이 일어날 거야

"은비야, 국민생활관에서 청소년들을 위한 집회가 있대. 은지와 함께 다녀올래?"

종교 담당 선생님이 말했다. 나는 아무 생각 없이 알겠다고 했다. 그런데 여러 교회 학생회에서 오고, 우리 학교 민승규 선생님과 김인석 선생님도 보였다. 이렇게 큰 집회인 줄 알지 못해서 처음에는 조금 쑥스럽고 낯설었다. 찬양이 시작되고, 아이들은 모두 앞으로 나가 손을 들고 뛰며 찬양했다. 내 속마음은 하고 싶었지만, 속마음을 따라 행동할 수 없었다. 생각만 해도 진땀이 났다.

시간이 지날수록 분위기는 무르익고, 내 마음에도 찬양이 자리 잡았다. 감동이 밀려왔고, 나도 모르게 박수를 치고 손을 올리며 찬양했다. 선교사님의 말씀 중에 한마디가 내 마음을 강타했다.

"그때는 그랬지!"

선교사님은 그때는 그랬지만, 지금은 이렇게 은혜를 받고 우리 앞에 서서 말씀을 전하는 사람이 되었다고 했다. 갑자기 나도 그러고 싶다는 생각이 들었다. 나도 병이 낫고, 사람들 앞에 서서 지금을 이야기하고 싶어졌다.

"그때는 그랬어요. 그렇게 아프고 힘들었지만, 지금은 이렇게 나아서 여러분 앞에 서 있어요."

이렇게 말할 수 있는 날이 올까? 그날을 상상만 해도 가슴이 벅차올랐다.

청소년 집회를 잘 마치고, 며칠이 지났다. 내 마음속에는 그날 불렀던 찬양과 말씀과 감동이 머물러 있었다. 학교에서 예배를 드리는데 "그때는 그랬지"라고 말하는 내가 떠올랐고, 나도 모르게 웃음이 났다. 그런데 예배 중간쯤에 내 마음과 상관없이 몸이 이상해졌다. 숨이 차고, 힘이 쭉 빠졌다. 집에 오자마자 누웠고, 바로 잠이 들었다. 엄마가 오고 손투석을 해주었다. 좀 괜찮은 거 같다고 했더니 엄마가 군만두를 해주었다.

"엄마, 나 힘이 또 없네. 할머니처럼 뜨듯한 곳에서 자고 싶어."
"아무래도 이상하네. 안 집사님한테 기도해달라고 하자."

엄마는 안 집사님에게 전화를 걸었고, 안 집사님은 바로 내려오셨다.

"하나님, 사랑하는 딸에게 힘을 주시고……."

안 집사님이 기도를 해주면 꼭 '사랑하는 딸'이라는 말이 들어간다. 나는 그 말이 참 좋다. 내가 사랑받고 있는 것 같아서, 사랑을 받으면 나을 것 같아서 좋다. 안 집사님이 기도를 해주고 가셨다. 나는 힘이 없어서 누워 있었고, 힘이 없는 내가 불쌍해서 스스로 가슴을 토닥이며 말했다.

"은비야, 세상 사람들에게 위로받으려고 하지 마. 너는 위로받을 사람이 아니라, 위로할 사람이 될 거잖아. 사람들 앞에 서서, 그때는 그랬지 하고 말할 날이 올 거야. 그때는 그랬지만 기적이 일어났다고. 나에게 일어난 기적을 보고 모두 힘내라고 말해주자. 그렇게 너는 세상 사람들을 위로하는 거야. 너는 사랑받는 딸이니까, 꼭 그럴 수 있을 거야."

아~ 어지러워

 파워포인트 시험을 봤다. 시험을 보는 내내 몸이 이상했다. 온몸의 힘이 발가락 끝으로 다 빠지는 느낌이 들었다. 나는 시험 때문에 긴장해서 그런지 알았다. 이제는 괜찮아졌다고 믿었기에 몸에 또다시 이상이 온다는 생각은 하지 않았다.

 학교에 갔다. 칠판이 핑핑 돌았다. 책상도 따라서 핑핑 돌았다. 심장소리가 내 귀에 들릴 만큼 커지고 빨라졌다. 결국 선생님께 말씀드렸고, 선생님은 엄마에게 연락했다. 우리 엄마는 5분 대기조다. 나에게 무슨 연락이 올까봐 전화기를 붙들고 안절부절못한다. 그리고 연락이 오면, 설거지를 하다가도, 기도를 하다가도 달려와야 한다. 엄마는 아무 잘못도 없는데, 오늘도 달려왔다. 나는 엄마의 부축을 받고 집으로 갔다. 엄마의 어깨가 오늘 따라 외로워 보였다.

나는 집에 도착해서 바닥에 몸을 붙였다. 납작해진 내 몸은 바로 꿈속으로 들어갔다. 얼마나 잔 걸까? 눈은 떠졌는데, 몸이 바닥에서 떼어지지가 않는다. 학교에서보다 힘이 없었다. 정말 괜찮아진 줄 알았는데, 나는 또 응급실로 갔다. 응급실에서 해야 하는 순서들을 외우고 있다. 내가 외운 순서가 다 끝나니 결과가 나왔다.

"심장에 물이 차기 시작했어요."

의사 선생님은 그 한마디를 던지고, 처치를 해주었다. 나는 곧 안정을 찾았지만 집에 갈 수는 없었다. 아침에 교수님이 오시면 회진을 받고 가라고 했다. 그런데 응급실에 있을 수는 없다. 무슨 아픈 사람들이 이렇게나 많은지, 응급실은 이 밤에도 가득 찼다. 아빠와 엄마와 나는 차 안에서 히터를 틀고 자기로 했다. 엄마는 만약의 사태를 대비해서 이불까지 준비했다. 나는 차 안에 눕자마자 잠이 들었다. 하지만 엄마와 아빠는 잠을 못 잔 거 같았다. 아빠, 엄마의 푸석한 얼굴을 보니 아주 많이 미안했다.

"배고프지? 구내식당 가서 밥 먹자."

엄마가 말했다. 구내식당은 싫지만 그 상황에서 투정을 부리는 건 진짜 철없는 행동인 것 같아서 하는 수 없이 엄마와 아빠를 따라 갔다. 그런데 밥맛이 없었다. 이제는 괜찮아져서 밥맛도 좋을 줄 알았는데, 괜찮아진 게 아닐지도 모른다는 생각이 들었다. 몇 숟갈을 억지로 넘기고는 숟가락을 놓았다.

"왜? 못 먹겠어?"

"응."

엄마의 걱정스런 질문에 더 걱정스런 대답을 하고 말았다.

엄마와 아빠와 나는 다시 응급실로 갔다. 잠시 후, 최현지 선생님이 오셨다. 나를 담당하는 선생님이라 그런지 마음이 편했고, 내 몸에 대해 잘 알고 있으니 말도 잘 통했다. 마음이 잠시 부풀어 올랐다. 집에 갈 수 있겠다는 생각이 들었다. 하지만 "회진하실 때 교수님은 보고 퇴원하자"라는 한마디로 내 퇴원은 연기되었다.

우리는 다시 연락처를 남기고, 병원에 있는 스카이라운지에서 밥을 먹었다. 구내식당이 아니어서 그런지 아까보다는 조금 더 먹을 수 있었다. 오후 3시쯤 엄마의 휴대전화 벨이 울렸다. 병원 응급실에서 걸려온 전화였다. 신장과 선생님이 오셨으니 내려오라고 했다. 우리는 얼른 내려가서 신장과 선생님의 지루한 설명을 듣고 퇴원할 수 있게 되었다.

역시 집이 좋은가 보다. 집에 오니 마음이 편안했다. 불과 하루를 떠나 있었는데, 일주일 정도 나갔다가 돌아온 기분이었다. 몸 상태도 한결 괜찮아졌다. 나는 준비를 하고 외출을 했다. 수지의 생일파티가 예정되어 있었다. 못갈 줄 알았는데, 참석하게 돼서 다행이었다. 그런데 밖으로 나오니 몸에 다시 힘이 없었다. 나는 이제 내가 완전히 괜찮아진 줄 알았는데……. 아닐지도 모른다는 생각에 불안해졌다.

하나님, 우리 언제 만나요?

 누군가 마음의 상처를 받았을 때, 심장이 아프다고 했다. 그 말을 들었을 때는 잘 이해가 되지 않았는데, 이제는 알겠다. 심장이 아프다는 말. 거짓말이 아니었다. 진짜 아프다.

 잠에서 깨어났지만 일어날 수 없었다. 눈만 뜨고 있을 뿐인데, 깨어났다고 할 수 있을까? 잘 모르겠다. 나는 눈을 뜨고 멀뚱멀뚱 천장을 바라보고 있었다. 손과 다리에 감각이 없었고, 온몸에 기운이 없어서 이상했다. 어제 정말 힘들어서 그런가 보다 하고 대수롭지 않게 넘기려고 했다. 심장 박동수도 어제와 달리 느리게 뛰고 손과 발도 차갑다. 처음 아프기 시작했을 때, 병원도 안 가고 집에서 버텼을 때 그 아픔, 그 상태다. 내가 괜찮아졌다고 믿은 것은 그저 나만의 착각이었다. 정말 믿고 싶었는데…….

몸도 마음도 엉망이었다. 그런데 더 엉망인 일이 일어났다. 은선이는 나중에 크면 나와 인연을 끊고 싶다고 했다. 물론 은선이가 그렇게 말하고 싶을 만큼 내가 못되게 굴었지만 충격이었다. 은선이는 더 참기 힘든 말들을 퍼부었다. 그 말은 쓰고 싶지 않다. 나중에 다시 일기를 들춰볼 때 그 말을 그대로 확인하면 마음이 아플 것 같다. 혹시 잊어버릴지도 모르는데, 기록하면 다시 기억나고, 다시 화날지도 모르니까 적지 말아야지.

은선이를 이해한다. 은선이는 이 말을 들으면 아니라고 하겠지만, 나처럼 아픈 언니가 있는 동생은 얼마나 힘들지 알 것 같다. 모두 다 내 위주로 돌아가고, 은선이는 혼자일 때가 많다. 게다가 내가 예민한 날은 더 조심스럽고 힘들 거다. 그래서 더 잘해주고 싶은데, 막상 둘 다 예민해져서 싸운다. 그래도 이렇게 심한 말을 한 적은 없었는데……. 나는 또 바보같이 상처받고 말았다.

은선이가 힘든 건 알면서도, 나보다는 나을 거라고 생각했다. 그런데 그게 아니었나 보다. 사람은 다 자기 처지에서 자기가 제일 힘든 거니까 내가 제일 힘든 만큼 은선이도 제일 힘들었나 보다. 몰랐다. 왜 몰랐지? 바보 같다. 정말 이기적이다.

나는 정말 은선이, 엄마, 아빠, 친척들, 선생님들, 친구들에게 짐인 걸까? 그들이 무거워서 던져버리고 싶은 짐이 되어버린 걸까? 나는 인기도 많고, 공부도 잘하고, 뭐든지 혼자서 잘 해내는 김은비였다. 그런데 아픈 김은비가 되었다. 그 '아픈'이라는 타이틀이 나를 이렇게 쓸모없는 짐으로 만들어버린 걸까?

  심장이 아프다. 진짜 아프다. 거짓말이 아니다. 누군가와 말을 하고 싶은데 누구와 해야 할지 모르겠다. 나는 지쳐 있다. 심장이 아파서 미칠 것 같다. 이대로 천국에 가도 좋을 것 같은데, 그것마저 내 마음대로 할 수 없다니 힘이 든다.

  하나님, 보고 싶어요. 우리는 언제쯤 만날 수 있을까요?

아빠, 그래도 사랑해

아빠에게.

아빠, 안녕하세요? 죽었던 식물들이 살아나고 꽃이 피는 계절 봄이에요. 하지만 황사! 그것은 지독하다니까 조심하세요. 이번에 아빠의 생신은 이전의 생신보다 신경을 쓰고 싶었어요. 근데 많이 부족해서 이거 밖에 준비를 못했네요. 죄송한 마음뿐이에요.

아빠! 아빠는 다른 친구들의 아빠보다 소중하고 특별해요. 병원에 있는 사람들은 자식에게 이식해주는 게 당연하다고 하지만 솔직히 요즘 별나고 무서운 사람이 많잖아요. 쉽지 않은 일이에요. 감사해요. 이식수술이 잘 못되서 무엇보다 육체적으로, 정신적으로 많이 힘드셨죠? 그것을 알면서도 제 몸만 생각하고 못되게 굴어서 죄송해요. 하지만 마음으로는 아빠를 아주 많이 생각해요. 믿으실지 모르겠지만 정말 그래요.

아빠……. 요즘 여러 가지로 엄마와 저, 은선이가 알지 못하는 부분에서 아빠 혼자 끙끙 앓고 계시죠. 그 이유가 경제적 부담이라는 거 알아요. 제가 이런 말 하면 어떻게 받아드리실지는 모르겠지만 걱정하지 마세요. 저는 하나님이 지켜주실 거라 믿어요. 그러니까 걱정은 절대 하지 마세요. 하지만 저도 걱정이 하나 있기는 해요. 수술 실패로 인해 아빠가 낙심하시면 어쩌나 하는 거예요. 그러지 않으셨으면 좋겠어요. 그래도 이식수술을 통해 얻은 것이 있잖아요. 아빠가 술과 담배를 90퍼센트 끊었다는 것이죠. 이제는 10퍼센트가 남았어요. 아빠, 파이팅!

왠지 내년에는 모든 일이 다 잘 풀릴 것 같은 기분 좋은 느낌이 감돌아요. 우리 함께 기도하며 행복한 가정을 만들어가요. 아빠의 생신을 진심으로 축하드리며, 이만 줄일게요. 항상 저희 곁에서 건강히 오래오래 사세요. 사랑해요.

2007년 아빠의 생신에.

아빠 딸, 김은비 올림.

열일곱 살

엄마 미안해

열네 살 때 아프면서 열다섯 살에는 나을 줄 알았다.
열다섯 살에 낫지 않아서 열여섯 살에는 나을 줄 알았다.
열여섯 살에 낫지 않았을 때 열일곱 살에는
다른 세계에 가 있을 거라고 생각했다.
천국에서 졸업하는 친구들의 모습을 내려다보고 있을 줄 알았다.
그런데 내가 여기에 있다.
이 땅에 발을 디디고 축하를 받으며 졸업을 하고 있다.
졸업. 또다른 시작이다.

그동안 맘에 담아두어기로.. 내일도 있었지만..
엄마에게 해버렸다. 난 참 이기적인 아이다.
내 생각만 하는 욕심쟁이..
⑲ 그런말을 들은 엄마의 마음이 얼마나 아플지는 모르고,
바보같다..나.. 지금은 엄마가 문잠그고 안으로 들어간다
안다. 한심할수있는 것을.. 마음은 후련하지만 내가 조금만더
참고 견디면 될텐데.. 지금 하나님이 나에게 화내시겠습니다.
엄마랑에게 상처줘서...
끝에 그건 확실하다. 아무리 아빠가 좋고 아빠 없으면
재미없다구 해도 아빠가 없어서 하나님과 멀어진다는
느낌은 없었다. 근데 엄마! 엄마는.. 내가 당연하게
내 옆에 계속 있어줄거란 바보같은 생각을 했나보다.
엄마를 어떻게 말로 표현못하겠다.
솔직히 엄마라구 해도 미울때가 있다
원망스러울때도.. 그런데 가끔 그러는 엄마가 맨날 나에게
상처주는 아빠보다 더 서운하고 실망이 큰 이유는 무엇일까?
난 이제야 알았다. 그만큼 내가 엄마를 아껴녔다
믿고 또 의지한다는 것을.. 지금은 내 믿음과 엄마의 믿음이
다르기 때문에 이렇게 엄마에게 상처를 준것같아

　　　마음이 슬프고 죄송하고 사랑해

내 사랑, 미니홈피처럼

아침에 어렴풋이 눈을 떠보니 투석기에서 배액(복막투석시 복막관을 통해 투입된 투석액이 노폐물로 충분히 포화되면 다시 투석액을 관을 통해 배 밖으로 비우게 되는 것)이 아주 많이 되고 있었다. 2,000cc가 넘는 건 처음이었다. 그리고 골이 아팠다. 친구들은 골이 아프다고 하면 잘 모른다. 그냥 머리가 아픈 거냐고 묻는다. 그런데 머리가 아픈 거하고는 차원이 다르다. 두뇌 전체가 아픈 느낌이다. 머리통에 지진이 나는 느낌이다. 내가 이렇게 골이 아픈 적이 있었나 하고 생각해보았다.

나는 통증이 오면 생각해본다. 내가 이렇게 아픈 적이 있었는지……. 그러다가 전에 이런 통증을 겪었던 것이 기억나면 조금 진정이 된다. 그때도 이겨냈으니 또 이길 수 있을 거라는 자신감이 생긴다. 그런데 오늘은 기억이 나지 않는다. 이렇게 아팠던 적이 없었던 거 같다. 지진이 난 골이 갈라지고 깨진다. 악마가 내 머리에 들어와서 휘젓는 것만 같다.

나는 무작정 흐느끼기 시작했다. 엄마가 달려왔고, 엄마의 전화를 받은 안 집사님이 달려왔다. 안 집사님이 기도를 해주는데 나는 하염없이 울기만 했다. 나는 '아멘'을 할 힘도 없었다.

'새해는 기쁜 마음으로 시작하려고 했는데, 이게 뭐야.'

골이 아픈 상황에 이런 생각이 들다니……. 아마 그 생각이 들었을 때는 지진이 멈춘 다음인 것 같다.

내가 울음을 그치고, 조금 잠잠해지니 엄마는 먹을 것을 가져왔다. 이상하게도 음식이 잘 들어갔다. 나는 천천히 음식을 먹으며, 언제 그랬냐는 듯이 컴퓨터 앞에 앉았다. 정말 이럴 때보면 거짓말 같다. 곧 죽을 것처럼 찾아오는 고통은 거짓말처럼 멈춘다.

나는 오랜만에 내가 사랑했던 미니홈피에 들어갔다. 내가 아프지 않았을 때부터 열심히 운영했던 미니홈피에는 내 삶의 흔적들이 고스란히 남아 있다. 더불어 친구들의 흔적도 있다. 참 행복했던 시절의 흔적을 보며 지금의 나를 돌아본다. 그동안 나는 아프다는 이유로 의기소침하고 소심했다. 아픈 사람은 당연히 그래도 되는 줄만 알았고, 지금도 그런 마음이 조금 남아 있다. 하지만 나는 오늘을 행복하게 살고 싶은 사람이다. 내일이 오늘이 되고, 또 내일이 오늘이 되는 거니까. 귀중한 오늘 하루를 슬픔으로 물들이고 싶지 않다. 하지만 아프다보니 내 의지대로 되는 게 별로 없었다. 아픔은 내 모든 것을 가린다. 내 밝음과 긍정적인 마음과 열정과 사랑도 '아픔'이란 커다란 표지판으로 가려졌다.

내가 사랑하는 미니홈피처럼 그곳에 사진을 남기고 친구들과 이야기를 주고받던 그때처럼 살고 싶다. 일상이 잔산한 파도를 이루고, 친구들의 재잘거리는 소리가 평화롭게 날아다니고, 내 추억이 진주가 되는 나의 바다로 돌아가고 싶다. 골이 깨지는 순간에는 또 이렇게 평화가 찾아올지 몰랐던 것처럼, 지금은 알 수 없는 행복이 찾아왔으면 좋겠다.

아빠 엄마의 등이 운다

"잘 쉬고 있어. 다녀올게."

엄마는 나갈 채비를 마치고, 내 방에 들어와서 말했다. 나는 고개를 끄덕거렸다. 현관에는 아빠가 기다리고 있다. 아빠가 저렇게 초라했나? 아닌 거 같은데, 오늘은 아빠가 진짜 많이 초라하다.

"안녕히 다녀오세요."

내 인사에 아빠는 한 번 웃고는 돌아선다. 엄마도 돌아선다. 아빠와 엄마의 등이 훌쩍거린다. 눈만 우는 게 아니구나. 등도 울 줄 아는구나. 나는 처음 알았다.

아빠가 그렇게까지 힘든지 몰랐다. 어렴풋이 병원비 때문에 힘들겠지 하고 생각한 적은 있다. 병원비가 예상할 수 없을 정도로 비싸고, 갑자기 응급실에 가는 횟수도 늘어났다. 아빠가 아무리 열심히 일해도 내 병원비를 내기는 힘들겠구나 하고 생각했다. 하지만 이 정도인 줄은 몰랐다.

아빠는 고모한테 돈을 꾸러간다고 했다. 내가 많은 돈을 잡아먹었다. 자존심이 무지 센 아빠가 돈을 꾸러 나가야 할 만큼……. 하지만 나는 말릴 수 없다. 나는 내가 언제 골이 다시 깨질시, 숨이 찰지, 쓰러질지 모른다. 그대로 천국에 가도 괜찮지만 그것도 내 마음대로 되는 것은 아니다. 그리고 그래도 된다고 말할 수는 없다. 나는 정말 괜찮지만 아빠는 이해할 수 없을 것이다. 게다가 꾸역꾸역 여기까지 버텼는데 그렇게 말하면 많이 속상해할 것을 안다. 어느새 아빠는 터벅터벅 많이도 갔다. 아빠가 아주 작은 점으로 보인다. 그래도 나는 안다. 아빠의 등이 운다는 것을.

엄마가 아팠다. 다 낫지도 않았는데 아빠를 따라 나섰다. 엄마가 아프면 가슴이 철컹 내려앉는다. 엄마가 쓰러지면 우리 집 식구 모두 쓰러지는 걸 안다. 더구나 나는 하루도 더 버틸 수 없을 것이다. 엄마는 상처가 많은 사람이다. 내가 대신 짊어질 수도 없는 상처가 있다. 무엇보다 삼촌들에게 많은 상처를 받았다. 자신의 가족에게 상처를 받은 엄마에게 나는 아프다는 이유로 또 상처 주는 가족이 되어버렸다. 그것만 생각하면 가슴이 미어진다.

엄마는 더 아프겠지. 하지만 나에게는 내색하지 않는다. 몸살이 나도 나를 보며 웃는다. 우리 엄마는 천사다. 가끔 엄마를 보면 정말 내가 잠들 때 날아서 천국에 다녀오는 게 아닌가 싶을 정도로 엄마는 나에게 하나님이 보내주신 천사다. 그런데 오늘만큼은 정말 힘이 없는 우리 엄마. 아빠 옆에서 엄마도 따라 점이 되어 점점 멀어진다. 그래도 나는 안다. 엄마의 등이 눈물을 흘리는 것을.

 아빠와 엄마의 등이 나란히 걸어가며 운다. 내 눈도 따라서 운다. 아빠와 엄마는 눈도 모자라 등까지 우는데, 나는 뭐 잘났다고 눈으로만 운다. 눈물이 마음으로 떨어져 마음이 팬다. 아빠와 엄마의 마음은 이미 다 패여서 구멍이 났겠지. 미안하다. 아주 많이……..

김은비, 쫄지 마!

두려워하지 말라 내가 너와 함께 함이라
놀라지 말라 나는 네 하나님이 됨이라
내가 너를 굳세게 하리라
참으로 너를 도와주리라
참으로 나의 의로운 오른손으로 너를 붙들리라.

〈이사야〉 41장 10절의 말씀이다. 이 말이 오늘 잔뜩 쫄아 있던 나에게 새 힘을 주었다. 외래 진료를 받으러 가는 날이 다가와 괜히 긴장이 되었던 것이다. 김은비, 쫄지 마! 백 번은 외쳤던 것 같다.

친구들을 만나고 왔다. 사실 긴장이 많이 될 때는 친구들을 만

나는 게 가장 좋은 치료 방법이다. 혜진이와 슬비와 슬기를 만나서 천안역에 있는 CGV로 영화를 보러갔다. 오랜만에 가는 거라 그런지 설레었다. 긴장된다고 난리를 쳐놓고, 설레다니……. 내가 생각해도 좀 웃기지만 친구들을 만나서 기분이 좋은 걸 어쩌나. 다행히 무섭지 않은 영화를 골라서 잘 보고 나왔다. 좀 돌아다니고 밥 먹고 온양 와서 카라멜라떼를 마셨다. 아빠 생각이 나서 아메리카노를 사가지고 집에 왔다. 집에 와서 다시 가라앉을 뻔했는데 미나가 놀러왔다. 아우, 정말 신났다. 신나게 수다를 떨었다. 미나가 가고 나서, 다시 한 번 다짐! 쫄지 말자, 김은비!

외래 진료를 받는 날이 되었다. 다짐을 하고 잠이 들어서 그런가? 마음이 스스로 씩씩해진 느낌이다. 은선이와 함께 옷을 고르고 우리 나름으로 멋을 부렸다. 은선이와 함께 간다는 사실이 기뻤다. 그렇게 싸우고 지지고 볶으면서도 그래도 함께라서 좋다.

엄마와 은선이와 나는 KTX를 타고 서울역에 도착했다. 푸드코트에서 죽을 먹었다. 엄마가 아직도 아파서 죽을 먹어야 했다. 엄마 빨리 낫게 해달라고 마음속으로 기도하며 지하철을 탔다. 서울대학교 병원에 도착! 소아신실로 가서 복막줄을 바꾸는 시술을 하고 외래 진료실로 갔다. 오랜만에 우빈이를 만났다. 우빈이는 나와 병원 생활을 같이했던 꼬맹이다. 오랜만에 만나니까 무척 반가웠다. 더 귀여워진 우빈이. 얼른 나아서 병원에서는 만나지 않았으면 좋겠다.

나는 떨리는 마음으로 엄마와 함께 하일수 교수님 앞에 앉았다. 내가 긴장한 걸 아셨던 걸까? 교수님은 오늘 따라 말을 느리게 하셨다. 설명을 듣는 동안 얼마나 마음이 두근두근했는지 모른다.

"모든 게 정상이에요."

와우! 이 한마디로 마무리가 되었다. 두근거렸던 마음이 하나도 안 억울했다. 기뻤다. 거 봐, 김은비! 쓸데없이 왜 쪼냐? 쫄지 않고 잘했어. 앞으로도 쫄지 말자!

마음의 그릇

"은비야, 우리 마음에는 그릇이 있어. 지금은 그 그릇이 울퉁불퉁하고 자기 멋대로 생겼지. 하지만 믿음이 자라면서 그릇이 반듯해져."

언젠가 엄마는 용화초등학교 운동장을 나와 함께 걸으며 말했다. 그 말이 갑자기 떠오르며 궁금해졌다. 지금 내 그릇은 어느 정도일까? 점점 반듯해지지 않고, 더 울퉁불퉁해진 건 아닐까?

며칠 전부터 사타구니가 아파서 병원에 갔다.

"탈장입니다."

의사 선생님의 말이 황당했다. 엄마도 남자들만 탈장이 생기는 줄 알았다며 당황했다. 그다음 말을 들었을 때 나는 경악하고 말았다.

"수술을 해서 째야 되고 상처가 아물 때까지 혈액투석을 해야 할 거예요."

나는 혈액투석이 제일 싫다. 병원에서 혈액투석만 안 했다면 조금은 더 잘 견뎠을 것이다. 혈액투석을 하면 수분 섭취가 금지된다. 물을 마시지 못한다는 건 크나큰 고통이다. 생각만 해도 목이 바삭바삭 타들어간다.

우선 경과를 지켜보기 위해 온양으로 돌아왔다. 안 집사님이 와서 기도해주셨고, 나는 조금 안정이 되었다. 그런데 잘 모르겠다. 예전에는 믿음으로 병이 나았던 사람들의 이야기가 내 이야기 같았다. 그런데 요즘 가끔은 정말 그럴 수 있을까 의심이 되기도 한다. 내 그릇이 울퉁불퉁해진 걸까?

"아빠가 전화를 안 받네. 무슨 일이지?"

엄마는 걱정 어린 목소리로 말했다. 나도 걱정이 돼서 아빠에게 전화를 걸었다. 하지만 벨이 한참 울려도 아빠의 목소리는 나오지 않았다. 무슨 사고가 난 건 아닐까? 시간이 지날수록 걱정은 점점 덩치가 커졌다. 엄마도, 은선이도 걱정하며 아빠를 기다렸다. 걱정이 우리 집을 메울 만큼 커졌을 때, 딸각 현관문 여는 소리가 들렸다.

아빠는 잔뜩 술에 취한 모습으로 들어왔다. 비틀대며 들어오는 아빠의 모습을 보니 걱정은 모두 사라지고 미움이 스며들었다. 아빠는 어떻게 내가 병원에 다녀오는 날 다시 혈액투석을 받아야 할지도 모르는데 저렇게 술을 마실 수가 있지? 아빠도 힘들다는 걸 알지만 오늘만큼은 미웠다. 내 마음이 울퉁불퉁해져서 그런 걸까?

믿고 싶다. 나도 언젠가는 믿음으로 나은 사람이 되어 사람들에게 기적을 알릴 수 있다고, 아빠가 술을 끊고 우리를 걱정시키지 않는 날이 올 거라고 믿고 싶다. 무엇보다 혈액투석을 하지 않았으면 좋겠다. 그리고 내 마음의 그릇이 반듯해졌으면 좋겠다.

꿈같은 졸업

 처음 내가 아프다는 사실을 알고, 나는 금방 이겨낼 수 있다고 생각했다. 하지만 내가 생각했던 아픔의 기간이 길어지면서 많은 것을 포기했다. 친구들과 신나게 놀기, 가족과 여행 가기, 명절에 친척들과 함께하는 행복한 시간……. 정상적인 모든 생활을 그냥 포기했다고 해도 심한 말이 아니다. 그중에서도 가장 먼저 포기한 게 학교였다. 학교에 있다가 갑자기 병원에 가게 되거나 병원에 입원해서 오랫동안 결석하는 일이 생길 때마다 그랬다.

 겨울이 되면 그 생각은 더 심해졌다. 추워서 몸이 얼었기 때문에 조퇴와 결석을 밥 먹듯이 했다. 그 생각이 절정에 다다랐던 건 아빠의 신장을 이식받고, 그것이 잘못되어 다시 신장을 꺼내는 수술을 했을 때다. 학교에 계속 다니는 건 내 욕심 같았다. 학교를 자퇴하고 검정고시로 공부를 하게 될지도 모른다고 생각했다. 그만큼 많이 힘들었고, 그렇게 미리 생각해놓아야 그런 일이 닥쳤을 때 견딜힘이 생길 것 같았다. 그런데 어느새 3년이란 시간이 지나 졸업을 한다. 정말 꿈같은 일이다.

"졸업 축하해."

나는 이 한마디에 눈물을 쏟았다. 정말 내가 졸업한다는 사실을 실감할 수 있었다. 참 많은 사람이 이 말을 해주었고, 나는 고맙다고 답하며 울었다. 큰엄마, 언니들, 안 집사님, 엄마, 아빠, 은선이, 목사님과 교회 어른들, 친구들, 선생님들……. 모두 나에게 다가와 졸업을 축하한다며 꽃다발도 주고, 선물도 주고, 웃음도 주고, 기쁨도 건넸다. 이 사람들은 어쩌면 이렇게 자신의 일처럼 나와 함께할까? 나는 짜증도 많이 부리고, 미운 모습도 많이 보였는데……. 이 사람들은 한결같이 내 곁을 지켜주었다. 정말 고마울 뿐이다.

졸업. 또 다른 시작이다. 중학교 졸업도 못할 줄 알았지만, 나는 졸업을 했다. 그리고 고등학교 입학식도 잘 치러낼 것이다. 나도 고등학생이다. 나도 열일곱 살이다. 열네 살 때 아프면서 열다섯 살에는 나을 줄 알았다. 열다섯 살에 낫지 않아서 열여섯 살에는 나을 줄 알았다. 열여섯 살에 낫지 않았을 때 열일곱 살에는 다른 세계에 가 있을 거라고 생각했다. 천국에서 졸업하는 친구들의 모습을 내려다보고 있을 줄 알았다. 그런데 내가 여기에 있다.

이 땅에 발을 디디고 축하를 받으며 졸업을 하고 있다. 친구와 사진도 찍고, 선생님께 그동안 감사했다는 인사도 건넬 수 있는 나 자신이 정말 신기하다.

"졸업 축하해."

"정말 고맙습니다."

나는 수십 번도 넘게 축하 인사를 들었고, 수백 번도 넘게 고마워했다. 올림픽에서 금메달을 따는 기분을 알 것 같다. 모진 훈련을 견디고, 어려운 시합을 이기고, 금메달을 목에 걸면 이런 기분이겠지. 잘 이겨내 준 나 자신을 꼭 안아주고 싶다. 아주 잘했어, 은비야. 꿈이 아니라서 참 다행이다.

9만 원짜리 가방

 나는 말로만 철들었지 아직도 어린아이다. 그 사실을 오늘에서야 깨달았다. 우리 집 힘든 거 내 병원비가 한몫, 아니 몇 몫은 하고 있어서 아빠가 힘들어한다. 그 사실을 알고 있으면서도 가방을 사달라고 졸랐다. 철없이 9만 원이나 되는 가방을 사달라고 하다니……. 으이그, 김은비! 생각이 있는 거니?

 사실 낮에 좀 속상한 일이 있었다. 친구들과 수다를 떨며 걸어가고 있었다.

 "나는 저기서 가방 샀는데……."

 한 친구가 가방 가게를 가리키며 말했다.

 "어, 저기서 나도 샀어."

 옆에 있던 친구가 거들었다.

"또 구경하러 갈까?"

"그래, 가자."

친구들은 그렇게 말하며 이미 가방 가게 쪽으로 몸을 돌렸고, 나도 어쩔 수 없이 따라갔다. 나도 함께 구경을 하다가 마음에 드는 가방을 발견하고 말았다. 아예 보지 말걸. 친구들이 자기들이 산 가방을 가리키며 이야기할 때 나는 시무룩하게 있었다. 바보 같아. 꼭 학교에서 내라는 돈 안 내서 불려가는 느낌이었다. 김은비, 혼자 청승떨고 있다. 엄마도 내 병원비 때문에 옷 하나 제대로 못 사 입는 걸 누구보다 잘 아는 내가 이러다니……. 분명히 그렇게 생각하고 이해하면서도 내 입은 말하고 말았다.

"나, 가방 사주세요."

아빠는 아무 대답이 없었다. 바로 사준다고 하지도 못하고, 사지 말라고도 못하는 아빠는 얼마나 속상했을까? 나는 아프면서 철이 들었다고 생각했다. 엄마 생각도 하고, 아빠 마음도 배려할 수 있는 딸이라고 믿었다. 그런데 여전히 나는 어린아이인가 보다. 나는 아빠한테 안 사줘도 괜찮다고 했다. 아빠 마음이 괜찮았으면 좋겠다.

내가 정말 철이 없다고 느낀 건 방에 들어와서였다. 자꾸 가방이 떠오른다. 신발도 왠지 낡은 것 같다. 가방 가게에서 친구들 신발을 봤는데 다 새것처럼 반짝였다. 언니가 사준 가방도 있고, 신발도 아직 멀쩡한데 왜 이럴까? 으이그, 철없다, 김은비.

천장에 떠오르는 가방과 신발이 꼴 보기 싫어서 눈을 감았다. 자꾸 목이 따갑고 콧물도 나왔다. 아침이 되면 괜찮을 줄 알았는데 더 심해졌다. 기침도 계속 나오고 침을 삼키기도 힘들게 목이 아프다. 가방 때문에 그런 것 같다. 쓸데없이 욕심을 내더니, 쌤통이다. 내가 통 밥을 못 넘기니까 엄마가 기도를 하자고 했다. 안 집사님 집으로 올라가 기도를 했다. 욕심을 냈던 게 찔려서 눈을 더 꼭 감았다.

　'하나님, 욕심 부려서 죄송합니다. 김은비는 더욱더 괜찮은 아이가 될게요. 오늘은 가방하고 신발이 안 떠오르게 해주세요.'

새로 태어난 것 같아

고등학교에 입학했다. 새 교복을 입고, 새 친구들을 만나러 학교에 가는 길이 설레었다. 그 전의 김은비가 아니고 새로운 모습으로 다시 태어난 것 같았다. 하지만 막상 교실에 들어갈 때는 두렵고 떨렸다. 1학년 11반에서 다시 잘할 수 있을까? 어차피 아이들도 그런 생각을 할 텐데, 나는 자꾸 내가 아프기 때문에 그런 것만 같다. 하지만 그 생각에서는 금방 탈출했다. 감사해야지. 고등학교에 다닐 수 있는 것 자체가 나에게는 기적인 걸.

또 한 가지. 내가 새로 태어나는 일이 있었다. 오늘 세례를 받았다. 목사님이 머리에 손을 얹고 기도해주시는데, 내가 새로 태어나는 것 같았다. 그 감격을 어떻게 말해야 하지? 이 일기가 책으로 만들어지기를 기도하고 있지만, 이럴 때 보면 글 솜씨가 부족

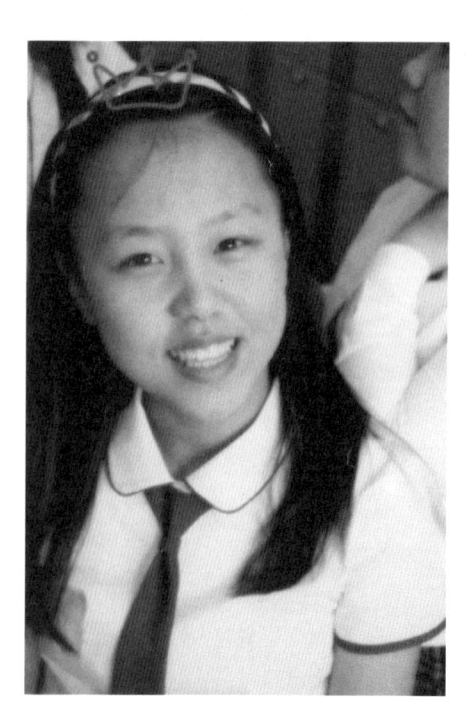

제목 2008. 4. 23 수 〈중대한 결심〉

넌 정상인이야 넌 건강해

그래서 못할 것이 없어.

공부도 하는 거야.   쫄아있지도 마

이럴려고 하나님이 나 고쳐주신 거 아니잖아

하나님도 지켜보고 계시겠지만

공부할거야. 무조건 할거야!!

하나님이 건강하게 도와주시고 계시니까서

한 느낌이다. 마음이 벅차고, 내 기분이 좋아서 하늘을 나는 것 같고, 더 좋은데 어떤 표현을 해야 할지 모르겠다.

사실 나는 얼마 전부터 무지 힘들었다. 몸이 무겁고 축 늘어졌다. 아침에 일어나면 몸이 천근만근이고 거기에 입맛도 없었다. 게다가 영어 과외를 시작하면서 자존심이 많이 상했다. 선생님이 가르치는 애들보다 내가 훨씬 떨어진다는 느낌이 들었다. 물론 당연하다. 나는 많은 시간을 병원에 있었고, 집에 있어도 아픈 날이 많았다.

하지만 무엇보다 내가 못한다는 생각을 인정할 수 없었다. 내가 아프지 않았다면 훨씬 잘했을 거라는 확신이 든다. 핑계같이 들릴지 모르겠지만 공부든 뭐든 마음먹고 하려고 하면 '아픔'이라는 것이 큰 걸림돌이 된다. 그 돌은 땅에 깊숙이 박혀서 아무리 해도 치울 수 없다.

그렇다면 그냥 돌을 인정하고 나는 넘어져도 일어나고, 걸리지 않으려고 노력하면 되는데……. 그럴 때마다 자존심을 세우게 된다. 내 마음 안에서 천사와 악마가 싸운다. 천사는 "더 노력해서 잘해봐. 너는 할 수 있어!"라고 말하고, 악마는 "아픈데 뭘 하려고 그래? 너는 어차피 남들을 이길 수 없어"라고 이야기한다. 보통 천사가 이기지만, 몸과 마음이 다 가라앉았을 때는 악마가 이기기도 한다.

악마가 계속 승리를 거두고 있을 때, 고등학교에 입학했고 교회에서 세례도 받았다. 그래서 더욱 새로 태어났다고 믿고 싶은지도 모르겠다. 천사든 악마든 어차피 내 마음속에 있다. 내가 새로 태어났다고 믿고 천사의 편을 들어주자. 나는 새로 태어났다.

내가 지하실에 갇혀 있다고?

 약을 끊었다. 기도하고 믿음으로 끊고 싶었다. 아프면서 내내 약을 달고 살았다. 약 먹는 시간을 놓칠까봐 친구들과 놀면서도 시계를 봐야 했다. 더구나 물이 없으면 더 난처했다. 엄마의 동의 하에 약을 당분간 끊기로 했다. 당분간이 아니라 영원이었으면 좋겠다.

 나는 학교생활에 비교적 잘 적응하고 있다. 친구들도 나를 많이 이해해주고 배려해주었다. 그저 낯설기만 한 학교는 어느새 우리 학교가 되어가고 있었다. 무엇보다도 선생님이 좋은 분이다. 하나님이 주신 선물 같은 분이다. 담임 선생님을 이렇게 좋아하는 고딩이 있을까? 아니, 이렇게 고딩이 좋아할 수 있는 선생님이 있을까? 인자하고 사랑스럽고 배려심이 깊은 우리 선생님이 나는 좋다. 선생님이 계시기에 나는 학교생활을 평화롭게 즐길 수 있었다. 그런데 오늘 그 평화가 잠시 깨졌다.

담임 선생님과 어떤 남자 선생님이 수업 중에 불쑥 들어오셨다. 무슨 일인가 싶어서 우리 반 친구들의 눈이 동그래졌다. 선생님 두 분은 나에게 다가와서 놀란 얼굴로 말했다.

"은비야, 지금 너희 엄마한테 전화가 왔는데, 네가 지하실에 갇혀 있다고 하더래. 괜찮지? 별 일 없지?"

선생님은 자신의 딸이 갇히기라도 한 것처럼, 엄마의 마음으로 말했다. 나는 고개를 끄덕였다.

"엄마에게 전화 드리자. 엄마가 많이 놀라셨어."

선생님은 전화를 걸어 나를 바꿔주었다.

"은비니?"

나는 이상하게 엄마의 목소리를 듣자마자 눈물이 나왔다. 뭔지 자세히는 모르지만 무섭고 또 무서웠다.

"은비야, 누군가 전화를 걸어서 네가 지하실에 갇혀 있다고 했어."

"내가 지하실에 갇혀 있다고? 아니야, 엄마."

"그래, 다행이야, 정말."

"그런데 엄마, 그 사람이 어떻게 내 이름을 알았지?"

"모르겠어."

엄마도 많이 놀란 목소리였다. 엄마는 함께 있던 안 집사님을 바꿔주었다.

"은비야, 아마 아는 사람이 그런 거 같아. 걱정하지 말고, 수업 잘 받아. 응?"

"네. 알겠어요."

나는 그렇게 대답하고 전화를 끊었다. 엄마 옆에 안 집사님이 계셔서 참 다행이다. 엄마 혼자였으면 더 무서웠을 텐데 안 집사님 덕분에 잘된 것 같다. 그런데 내 이름을 어떻게 알았지? 그 생각이 들어 계속 무서웠다.

학교가 끝나고 친구들을 만났다. 슬비, 혜진, 선애, 슬기, 다혜, 은지. 이 친구들만 있으면 지하실에 갇혀도 무섭지 않다. 나는 친구들을 보며 왠지 든든해져서 말했다.

"너희들 내가 지하실에 갇혀 있으면 얼른 출동해서 구해줘야 해."

"야, 당연하지."

"너를 지하실에 가두려는 남자에게 똥침을 하겠어!"

"아주 깊고 날카롭게 해야 해!"

"맞아. 그런 사람은 엉덩이가 찢어져도 돼."

호호호, 우리는 미친 듯이 웃었다. 됐다, 나는 너희들만 있으면 돼. 내가 지하실에 갇혀 있다고? 웃기지 말라고 해. 사자굴에 들어가도 정신 차릴 거야, 나는.

언니는 이기주의자야!

내 다이어리에 'My birthday'라고 적혀 있었다. 그래, 내 생일이다. 작년에는 혹시 안 올지도 모른다고 생각했던 내 생일. 또 한 번 꿈처럼 생일이 찾아와주었는데, 이번 생일은 뭔가 그랬다. 혜진이와 함께 생일파티를 하고 싶었는데 잘 안 되었다.

위의 몇 줄을 적어놓고, 며칠이 지났다. 아마 생일날부터 슬럼프가 찾아온 거 같다. 친구들이 나를 사랑해주지 않아도 괜찮다고 생각했다. 하나님이 나를 사랑하고 있다고 믿으니까. 그런데 미운 친구들은 어떻게 할 수가 없다. 어쩌면 친구들보다 내 생각이 문제다. 엄마도 그렇다고 한다. 그럴 때면 엄마도 밉다. 내 마음을 몰라주는 것 같아서……

약을 다시 먹기 시작했다. 여러 수치가 올라갔고, 그래도 약을 먹기는 싫었는데 어쩔 수 없었다. 친구들을 미워해서 혈압 약을 먹는 걸까? 친구들을 사랑하고 싶은데 잘되지 않는다. 예수님은 어떻게 원수를 사랑하라고 했던 걸까? 원수를 사랑하는 게 쉽다고 생각하신 건 아니겠지? 에이, 설마. 그건 아닐 거야. 그럼 어떻게 하면 원수를 사랑할 수 있는지 자근차근 설명이라도 해주시지. 원수를 사랑하라, 그 한마디로는 부족하잖아. 내가 성경을 잘 몰라서 그런 걸까?

그냥 이유 없이 우울하고 힘들다. 이유를 다 써놓고서 이유가 없다고 하는 건지도 모르겠지만……. 꼭 이식수술 실패하고 집에 있을 때처럼 지금이 그냥 싫다고나 할까? 내 개인적인 모습도, 세상의 모습도, 가족의 모습도, 친구들의 모습도 모두 싫다. 아니, 우울해하고 있는 지금 내 모습이 가장 싫다.

나는 언젠가부터 일기를 쓰는 게 아니라 책을 쓴다고 생각했다. 나는 이 일기가 책으로 만들어질 거라고 믿고 꿈꾸니까 책이라고 부르기로 했다. 그러면 왠지 꿈이 정말 내 눈앞에 도착해 있는 것 같아서 기분이 좋아졌다. 그런데 처음으로 이 책을 쓰는 내가 싫다. 지금 옆에서 동생이 이렇게 말한다.

"언니는 이기주의자고, 언니 밖에 모르는 사람이야."

동생 말이 맞다. 괜히 사람들에게 서운하다며 투정을 부릴 때가 아닌데……. 기도하고 성경 읽고, 밝은 마음으로 지금을 기쁘게 살려는 사람이었는데……. 그냥 투석하는 것이 짜증나고, 소독, 주사, 혈압 약, 혈압 측정……. 모두 싫고 진저리가 난다. 이 슬럼프에 빠져들지 말아야 하는데, 걱정이다. 누구나 기쁜 날도 있으면 슬픈 날도 있는 거겠죠?

하루빨리 슬럼프에서 나오자! 아자아자! 외로워도 슬퍼도 나는 안 울어. 참고 또 참지 울긴 왜 울어. 아자아자! 말괄량이 은비는 건강해지고 있어요, 여러분!

아픈 만큼 성숙해졌나?

 나는 명절증후군에 시달린다. 중1 설날 때부터 시작해서 명절만 되면 아파서 병원 응급실에 간다. 그래서 나는 명절이 다가오면 마음껏 설레지 못한다. 또 아플까봐 마음껏 놀 수도 없다. 내 마음대로 할 수 있는 일은 이제 거의 없지만, 그래도 명절만큼은 친척들과 마음껏 행복해지고 싶다.
 추석이다. 여느 때와 같이 명절 아침에 온 식구가 동그랗게 모여앉아 예배를 드렸다. 예배를 마치고, 오랜만에 언니들과 오빠들을 만나 이야기도 하고 장난도 쳤다. 할아버지 산소도 다녀왔다. 그러고 나니 몸이 좀 이상하다. 숨도 좀 차고, 손발이 딱딱해지는 느낌이다. 나는 조심하기 위해 먼저 나왔다. 더 놀고 싶었지만, 조심하지 않으면 어떤 큰일이 닥칠지 모른다. 스스로 조심하는 게

최선의 예방책이다.

나 혼자 집에 가는데 조금 우울했지만, 웃어 보였다. 괜히 사람들에게 짐을 안기고 나올 필요는 없다. 집에 도착해서 텔레비전을 켜고 누웠다. 일부러 개그 프로그램을 틀어놓았다. 무거워지고 싶지 않았다. 그렇다고 깔깔거리지는 않았다. 그냥, 깔깔거리는 사람들을 보고 있었다. 한 프로그램이 끝날 때쯤 엄마가 들어왔다.

"엄마, 좀 들어가서 쉴게."

엄마는 많이 아픈 모양이었다. 목소리에 힘이 하나도 없었다.

"어디 아파?"

"으응."

엄마는 희미한 대답만 남겨놓고 방으로 들어갔다. 나는 다시 텔레비전 채널을 돌리며 재미있는 프로그램을 찾고 있었다. 몇 시간이 지나고, 전화가 왔다. 사촌언니였다.

"은비야, 저녁에 고기 먹으러 올 거지?"

"응, 그런데 엄마가 많이 아픈가봐. 잠들어서 못갈 거 같아."

"아, 그래? 알았어."

그렇게 전화를 끊었다. 저녁에 꼭 친척들과 함께 있고 싶어서 내가 조심하려고 집에 들어온 건데……. 낮에 아프면 저녁에 병원에 있을까봐, 그게 걱정돼서 나 혼자 집에 온 거였다. 그럼 저녁에 갈 수 있을 거라고 생각했는데, 예상이 빗나갔다. 엄마도 아프고 싶어서 아픈 건 아닐 텐데, 어쩌면 나 때문에 힘들어서 병이 난 걸 텐데, 그래도 속상하다. 큰 고모네 식구들과 작은 고모네 식구들이 모여 있을 거라고 생각하니 우울하다. 모두 모여 있는데 엄마와 나만 쏙 빠진 거 같아 싫었다. 나는 아파서 또 빠진 게 아닌데, 사람들이 나를 또 '아픈 애'라고 생각해버리면 어쩌지?

"엄마, 많이 아파?"

나는 방문을 빼꼼히 열고 물었다. 엄마는 대답도 못하고 끙끙 앓는다. 도저히 같이 가자고 할 수가 없다. 이번에는 아빠한테 전화가 왔다. 엄마가 아파서 못 간다니까 알았다고 했다. 꼭 가고 싶다는 말은 하지 못했다. 그런데 아빠가 내 마음을 알았던 걸까? 아빠는 언니와 함께 나를 데리러 왔고, 나는 아픈 엄마를 혼자 두고 할머니네로 갔다. 참 나쁜 딸이다. 그래서 벌을 받았다.

돼지고기. 나에게는 금지 음식인 돼지고기가 앞에 떡하니 놓여 있었다. 서운함이 밀려들었다. 어떻게 내가 먹지도 못하는 걸 내놓을 수 있을까? 내가 먹지 못하는 걸 몰랐구나. 어떻게 그럴 수 있지? 내가 돼지고기를 못 먹는 건 친구들도 다 아는 사실인데, 어떻게 친척들이 모를 수가 있을까?

성애 언니와 다른 언니들이 대화를 할 때는 서운함이 더했다. 언니는 필리핀에 간다고 했다. 나는 필리핀은커녕 이 근처로 1박 2일로 여행가는 것도 안 된다. 밤에 투석을 해야 해서 수학여행도 못 간다. 그걸 알았을까? 나는 끼워주지도 않고, 나에게는 물어보지도 않는다. 성인이 된 언니들끼리 이야기라서 그런 걸까? 나는 괜히 상처를 받았다. 하지만 언니들이 밉지는 않다. 언니들은 나에게 필리핀이란 세 글자가 상처가 될 줄은 꿈에도 몰랐을 테니까. 그런데 이상하게도 금방 괜찮아졌다. 내가 많이 성숙해진 느낌이다. 아픔만큼 성숙해지는가?

흔들리는 엄마의 눈동자

왜 그랬을까? 그동안 마음에 담아둔 비밀로 하려던 서운함을 엄마에게 다 퍼부어버렸다. 나는 참 이기적인 아이다. 내 속 편하자고 엄마를 힘들게 해버렸다. 내 생각만 하는 욕심쟁이……. 은선이 말이 딱 맞다. 엄마 마음이 얼마나 아팠을까?

내가 퍼붓고 나니 엄마의 눈동자가 흔들렸다. 엄마는 내 이야기를 다 듣고 나서 나를 잠시 쳐다보더니 방으로 들어가 문을 잠가버렸다. 화가 많이 났겠지. 그래, 그럴 수밖에 없다. 참 마음이 이상하다. 아빠와 은선이에게 내가 못되게 굴 때는 걱정이 된다. 나를 떠나면 어떡하지? 나와 살기 싫다고 하면 어떡하지? 이런 생각이 들어서 괴롭다. 그런데 엄마가 아무리 화를 내도 그런 생각이 들지 않는다. 엄마는 내가 무슨 짓을 해도 내 옆에 계속 있어

줄 것만 같다.

그렇게 믿고 있으면서도 매번 상처를 주는 아빠와 은선이보다 아주 가끔 상처 주는 엄마가 밉다. 엄마가 그러면 실망스럽고 서운하다. 내가 그만큼 엄마를 누구보다 의지하나 보다. 그럼 잘해야 하는 건데, 왜 함부로 하게 되는지 참 이상하다. 소중한 사람을 소중히 대하지 못하는 마음은 모든 사람이 가지고 있는 걸까? 그렇다 해도 나는 그러면 안 되는 건데……. 또 그러고 말았다. 왜 그랬을까?

마음은 후련하지만, 내가 조금만 참고 견뎌야 하는 건데……. 아니, 마음이 정말 후련하기는 한 건지도 잘 모르겠다. 엄마도 상처를 받았겠지? 엄마가 방에서 나오지 않는다. 엄마가 나오면 뭐라고 하지?

'엄마, 미안해.'

매번 마음속에만 가득한 그 한마디를 오늘은 할 수 있을까?

열여덟 살

익숙한 고통

사람이 무엇을 미치도록 하고 싶고,
그렇게 함으로써 살아 있음을 느끼고,
심장이 뛰는 것을 안다면,
그것을 꼭 해야 한다.
그리고 그 사람은 행복한 사람이다.
지금 내가 그렇다.

내가 쓴 글을 보며 힘을 내고 감동을 받는 것. 그건 아마도 내 아픔의 흔적을 볼수 있어서라고

말을 한다

가끔 거울속의 내 모습을 보면 많이 초라해진 모습을 보았다 변해다 굳세네..
이젠 나약하고 있을 수 없다. 강한 아이가 될 것이다
어디면서 많은 것들이 모든 것들이 그냥 시작말이였다
아픔다. 상처의 아픔도 끝이 없었다 끝이 보이지 않아 허우적거렸을 때도
너무나 많았지만. 지금도 그럴 때가 있지만. 실망하고 절망 속에서 다시
아이까지 포기할 것 같다고 포기하고 싶다고 하대도 왔지만 끝으로 가는
지독 하나님이 태어주신 게니까 요도 포기할 수 없다
내가 많이 고자하은 없지만 내가 너무도 또래해도 하나님은 나를
떠나지 않으실 건을 난 안다. 자만이 아니다 ^^
누구도 지금의 나의 모습과 환경을 보면 희망이 없대도 하겠지만
지금도 빛이 있는 곳으로 천천히 한발짝씩 가고 있으니깐.. ^^
지금 이런 글이 나중에 내 자서지이 될수있겠지..?

내 몸이 말을 듣지 않아

 보충수업에 가기 위해 아침 일찍 일어났다. 그런데 몸이 말을 듣지 않는다. 누구한테 얻어맞은 것처럼 온몸 구석구석이 쑤시고 아프다. 에고, 또 왜 이런 거니? 몸아, 말 좀 들어라.

 나는 움직이지 못하고 끙끙 앓았다. 엄마가 들어와 보더니 왜 그러냐고 묻는다. 몸이 이상하다고 했는데, 엄마는 내가 꾀병이라고 생각하는 것 같다. 아니면 나에게 관심이 없어진 걸까? 아니면 이제는 아프다는 소리가 지긋지긋해서?

 얼마 전에 몸이 무지 아파서 엄마에게 말했다.

 "엄마, 안 집사님한테 기도 좀 해주라고 해."

 "미안해서 더는 말 못하겠어."

 엄마의 대답에 뒤통수를 얻어맞은 것 같았다. 나는 진짜 아픈

데, 기도 받으면 좀 나을 거 같아서 그런 건데, 단번에 거절하다니……. 물론 안 집사님에게는 미안하지만, 그래도 내가 낫는 게 먼저여야 한다고 생각했다. 서운함이 파도처럼 밀려왔다.

오늘도 그 파도가 밀려와 나를 휩쓸어 간다. 내가 아프다고 했는데, 어디가 아프냐고 묻지도 않는다. 아플 때 인정해주지 않고 모른 체하는 것. 그것은 마음을 더 아프게 하는 일이다.

"컴퓨터 학원에 다녀와."

엄마는 어디가 아프냐고 묻는 것이 아니라, 학원에 가라고 했다. 내가 아프고 힘들다는데 어쩌면 이럴까?

"몸이 말을 듣지 않는다고!"

나는 소리 지르고, 방에 들어와 버렸다. 엄마가 믿을지 안 믿을지 모르지만, 정말 몸이 말을 듣지 않는다. 또 나도 모르는 사이에 내 마음 하나 지키지 못한 것 같다. 방학이라 이런 건가?

내일은 꼭 보충수업에 가야지. 엄마는 혹시 내가 보충수업에 가기 싫어서 변명한다고 생각할지도 모르겠다. 나도 내가 변명을 하는 거였으면 좋겠다. 진짜 몸이 힘들다. 이럴수록 힘을 내자! 누워만 있으면 마음도 몸도 가라앉는다. 몸 따라서 마음도 말을 듣지 않는지 한없이 가라앉는다. 아휴, 몸도 마음도 내 말을 도무지 듣지 않는다. 어쩌란 말이냐, 몸아, 마음아.

나는 혼자가 아니야

나는 개학하기 전날에 작년 1학년 11반을 떠올렸다. 1학년 11반 5번 김은비, 친구들, 선생님들, 내 부끄러운 모습들도 머릿속에 그려졌다.

처음 한올고등학교에 입학해서 반 편성을 받을 때에는 친한 친구가 없었다. 나는 절대로 적응을 못할 줄 알았다. 하지만 담임인 김금님 선생님을 시작으로 11반은 나에게 잊지 못할 반이 되었다. 처음에 많은 도움을 준 성아와 고움이를 비롯해서 박은지, 신나라, 이수연, 성정은, 이선경, 전보람 등 정말 두루두루 친하게 지낸 것 같아 기분이 좋다. 그런데 나는 반성할 게 많다. 거짓말도 했고, 게으름도 피웠다. 친하지 않은 친구나 다른 사람을 헐뜯기도 했고, 가끔은 욕도 했다. 감사하지 못했고 마음에 평화를 얻지 못했다. 이렇게 부끄러운 나의 모습들만 빼면 참 좋고 행복한 1학년 11반이었다.

이제 2학년이다. 학교에 다시 다닐 생각에 마음이 싱숭생숭하다. 아프기 전에는 모르는 아이한테도 먼저 다가가 친하게 지내자며 말을 걸고, 아무도 모른다고 해도 나는 금방 친하게 지냈다. 그런데 아프고 나서는 자신감을 상실하고 자꾸 심란해한다. 그런 내가 나도 낯설게 느껴지지만, 다시 돌아갈 방법이 없다. 몸이 나아지면 자연스럽게 원래대로 돌아가려나? 그랬으면 좋겠다.

새로운 담임 선생님은 나의 아픔을 어떻게 이해하실까? 쓸데없는 걱정인 걸 알면서도 걱정하고 있다. 이런 문제는 시간이 해결해줄 텐데……. 내가 혼자가 아니라는 걸 잊지 말자. 천천히 잘 적응하면 된다. 연예인도 유명 인사도 텔레비전에 나와서 "저는 학창시절 때 아주 조용한 사람이었어요"라고 이야기하는 걸 많이 봤다. 나도 지금은 이렇게 소심하지만, 나중에는 웃으며 이야기할 수 있을 것이다. 아자아자, 김은비! 빠샤!

건강하지 않아도 행복해

 우리 학교는 미션스쿨이라 목사님의 수업이 있다. 우리 학교 목사님은 이성재 목사님이다. 이성재 목사님의 수업은 참 유익하고 재미있다. 개인적으로 많은 이야기를 나눠보지는 못했지만, 수업하는 것을 보고 있으면 참 좋은 분이라는 걸 느낀다. 고1 때부터 들었던 수업은 남 몰래 나를 울리기도 했고, 기쁘게도 감사하게도 했다.

 이런 적도 있었다. 전신 화상을 입은 이지선 언니의 이야기를 했을 때 공감이 되었다. 내가 아팠을 때, 수술하기 전 수술실 앞에 있을 때, 마취가 풀려 통증이 오기 시작했을 때……. 이런 내 모습들이 떠오르며, 아픈 이유는 다르지만 '아픔'이 있다는 이유 하나만으로 이지선 언니의 마음이 이해되고 동질감이 느껴졌다. 동질감이 이런 게 맞는지는 잘 모르겠지만……. 내 이야기처럼 느껴진 건 분명하다.

나는 목사님이 서 있는 앞쪽으로 걸어나가 마이크를 들고 내 이야기를 하고 싶었다. 그때는 아직 미성숙한 선교사라는 꿈을 가진 학생일 뿐이니까 나가지 않았다. 하지만 진짜 선교사가 되면 언젠가는 목사님 앞이나 차은혜 전도사님 앞에서도 선생님들과 친구들과 후배들 앞에서도 내 이야기를 들려줄 수 있을 거라고 생각하니 지금부터 설렌다. 어서 빨리 그날이 왔으면 좋겠다.

오늘 목사님 수업을 들으며 깨달은 것은 행복은 조건이 아니라는 것이다. 이유가 있어서 감사한 게 아니라 이유가 없어도 감사하는 것이다. 몸이 건강해야 행복해질 수 있는 게 아니라 몸이 건강하지 않아도 행복한 것이다. 아, 바보 같았다. 새삼스럽게 내가 행복한 사람이라는 걸 깨달았다. 몸이 나으면 공부도 열심히 하겠다고 하지 말고, 아파도 열심히 하자. 할 수 있다면 해야 한다. 행복은 조건이 아니니까.

긍정의 힘

 아침에 일어나니 감기 기운이 내 몸을 감쌌다. 어제도 조퇴를 해서 오늘은 꼭 학교에 가야 했는데, 정말 온몸에 감기 바이러스가 침투한 느낌이었다. 내 마음은 또 둘로 나뉘어 싸웠다. 한쪽에서는 "그래도 학교에 가야 뒤처지지 않지"라고 말했고, 한쪽에서는 "학교도 중요하지만 내 몸도 중요하잖아"라고 말했다. 나는 내 몸이 중요하다는 말에 더 귀 기울여 들었다. 그래, 내 몸이 먼저다. 물론 그 선택을 후회하지 않는다. 그 선택 뒤에 따라온 나의 행동이 후회될 뿐이다.

 오늘 하루를 뒤돌아보면 먹고 자고 컴퓨터하고 텔레비전을 본 것밖에 없다. 또 게으르게 시간을 소비했다. 게다가 엄마에게 대들었다. 텔레비전 그만 봐라, 컴퓨터 그만 해라, 성경말씀 좀 읽어라……. 엄마의 잔소리가 끝이 없었다. 내가 아프기는 하지만 그래도 열여덟 살인데, 엄마의 잔소리를 듣고 있으면 내가 당장 일곱 살로 돌아가야 할 것 같다. 나는 참고 참다가 결국 잔소리 좀 그만하라고 소리를 질러버렸다. 또 왜 그랬을까?

  나는 반성하고, 고기를 먹었다. 꼭꼭 씹어서 많이 먹고 나니 힘이 생겨서 책을 폈다. 책을 잠시라도 봐야 나 자신에게 뭔가 조금은 당당해질 것 같았다. 나는 내 마음을 내가 잘 알지 못할 때, 자꾸 나 자신에게 실망하고 상처받고 넘어지려고 할 때마다 읽는 책이 있다. 조엘 오스틴 목사님의 『긍정의 힘』이란 책이다. 적어도 이 책을 볼 때는 힘이 생기고 다시 일어설 수 있게 된다. 책을 딱 펴서 보이는 한 문장이 나는 좋다. 엄마도 좋다고 형광펜으로 표시한 그 문장은 언제나 내 마음에 와닿는다. '아플 때는 아프다고 말하라.' 이 말은 나에게 큰 힘이 되었다.

  나는 괜스레 내가 짐이 되고, 나 때문에 주변 사람들이 힘들까 봐 웬만한 아픔은 혼자 참으려고 끙끙 앓는 때도 많았다. 대부분은 내가 아플 때 이 아픔이 어느 정도인지 모른다는 것이다. 이 정도면 참아야 하는 건지, 아니면 엄마한테 말해야 하는 건지 잘 모르겠다. 수술 직후도 그랬다. 참아야 되는 줄 알았다. 그런데 알고 보니 미련하게 정말 아픈 것도 참고 있는 것이었다. 아프면 아프다고 바로 말하면 되는데……. 그렇게 쉬운 방법을 알지 못했다. 이 책은 그 방법을 알려주어서 좋다. 이 책을 읽고 나면 잠시라도 긍정적인 생각을 하게 되고, 마음의 비전을 다시 한 번 생각해보게 된다.

『긍정의 힘』을 읽고, '긍정의 힘'을 내 마음에 쑤셔 넣었다. 효력을 잘 발휘해야 할 텐데……. 아, 졸립다. 효력은 내일부터 생각하자. 내일은 더 많이 웃고, 더 많이 행복한 걸로 정하고! 이제 자야겠다.

오늘 내가 죽는다면

 오늘 종교시간에 '하나님의 부르심'에 관해 들었다. 그러면서 문득 이런 생각이 들었다.
 '오늘 내가 죽을 수도 있을까?'
 나는 살아 숨 쉬고 있지만, 사람의 일은 모르는 거다. 게다가 나는 곧 죽을 수도 있다는 말을 몇 번씩 들었다. 살려달라고 애원하는 기도도 해봤고, 그냥 편안히 눈을 감게 해달라는 기도도 해봤다. 죽을 뻔한 고비를 여러 번 넘기면서 지금 나는 살아 있다. 다른 사람들처럼 짜증을 내고 신경질을 부리고 불평을 하며, 웃고 떠들고 기뻐하며 살아 있다. 이런 모습을 보면 보통 아이들과 별반 다른 점이 없다. 하지만 어느 날 갑자기 숨이 끊어질 수 있을 것이다. 어쩌면 그게 오늘일 수도 있겠지. 오늘 내가 죽는다면, 어떨까?

　나는 죽음이 무섭지 않다. 그런데 죽음 때문에 뒤따르는 결과는 두렵다. 요즘 죄를 많이 짓고 있기에 혹시나 천국에 가지 못하면, 지옥에 갈 수도 있다는 생각이 들어서 무섭다. 어떻게 또 잊고 있었을까? 숨이 끊어질 것 같이 아팠던 날들을 기억하면 죄를 짓지 못할 텐데, 나는 어느새 또 잊고 투덜거리고 짜증을 낸다.

　내가 사랑하는 사람들을 한 명씩 돌아가면서 미워하고 헐뜯는다. 지옥에 가면 어쩌려고 이러니, 은비야! 네가 오늘 죽어도 괜찮다고 말한 건, 천국에 갈 수 있다고 생각했기 때문이잖아. 그곳에 가면 고통 없이 편하게 지낼 수 있다고 생각했기 때문이잖아. 그런데 오늘 죽으면 지옥 갈 거 같아. 착하게 살자, 김은비.

익숙해지기 싫어

 나는 남들이 아파 본 것보다 많이 아팠다고 생각한다. 그리고 지금도 아프다. 아프다는 사실 때문에 내 생활은 바뀌었다. 하루에도 몇 번씩 바뀌는 내 감정과 아픔, 자그마한 행동, 말로 상처받고 피해의식을 가지고 자신감 없고 의기소침한 내 모습……. 이게 나일까? 아니다. 나는 이렇지 않다. 사람들은 이런다. 나보다 심한 병으로 하루하루를 힘들게 버티면서 병마와 싸우고 있는 사람도 많다고. 가끔은 내 아픔쯤은 별 거 아니라는 듯 쉽게 말한다.
 남의 일이니까 이렇게 말할 수 있다. 내 병에 대해 잘 모르니까 그럴 수 있다. 어찌됐건 그런 말들이 이제 나를 서운하게 하지는 않는다. 다 지나간 일이다. 내가 받아들인 이 세상의 법칙은 아픔은 분명히 이길 수 있다는 거다. 나는 잘 이겼고, 계속 이기고 있다. 나는 잘 이겨내 이 병을 멀리하고 싶다. 도무지 익숙해지고 싶지 않다.

병마와 함께한 지 어느덧 햇수로 5년. 이 아픔에 익숙해질까봐 겁이 난다. 아니 어쩌면 벌써 익숙해졌다. 서울대학교 병원이 내 집보다 눈에 익었다. 새로운 의사 선생님들이나 간호사 언니들만큼 내 병의 의학 정보는 꿰뚫고 있다. 나와 같은 병을 앓고 있는 아이의 가족이 나에게 찾아와 병에 대해 물어보고 간다. 내 배에 달려 있는 도관은 이제 내 몸 안에 있는 장기처럼 편하게 느껴지고, 투석액이 내 몸속에 없을 때는 배가 허전하고 아프다.

나도 모르게 9시 30분쯤만 되면 투석할 준비를 하고 있다. 텔레비전을 보고 들어가기 위해 거실과 화장실에서 할 수 있는 일들을 끝마치는 것이다. 그때부터 나는 내 방에서 묶여 있게 되는데, 그것은 그냥 양치질을 하고 세수를 하는 것처럼 자연스러운 일이다. 몸이 조금 이상하면 조퇴를 하고 약을 먹는다. 무거운 것을 들거나 힘든 일을 해야 하면 자연스럽고 당연하게 빠진다. 정말 익숙해졌다. 무엇보다 병에 시달리는 내 모습에 나와 가족, 친척들과 친구들이 모두 익숙해지고 있다. 하지만 나는 익숙해지는 게 싫다. 이건 내 모습이 아니다. 평생을 이렇게 살고 싶지 않다. 그러지 않을 거다.

익숙함 속에서도 정신 차리고 있어야지. 내 삶이 이대로 굳어지면 안 되니까. 나중에 낫고 나서 이 아픔의 시간들이 헛되지 않도록 잘 기억하고 있되, 이대로 멈추지는 않을 거다.

나는 병에 익숙해지지 않아. 나는 절대 쓰러지지 않아. 이대로 그냥 이렇게 살지 않을 거야. 일어날 거야. 지금의 이 아픔이 내가 낫기 위해 아픈 거라면 참을 수 있어. 나중에 낫고 나서 이 아픔의 시간들이 나에게 헛되지 않게 하자.

다른 사람들이 보기엔 내가 평생 이렇게 살아야 한다고 생각할지도 몰라. 그래서 나를 슬픈 눈으로 바라보고 안타까워할지라도 그들이 생각하는 것처럼 되지 않을 거야. 그렇게 생각하는 사람들에게 미안하지만, 나는 오뚝이야. 열 번 넘어지면 열한 번 일어나자. 누구보다도 강하다는 걸 보여주자. 이까짓 힘든 것쯤은 나를 완전히 쓰러뜨리지 못해. 여기까지 잘 왔잖아, 김은비. 밥 먹자. 그리고 기운 내자.

자라지 않는 키, 늘지 않는 몸무게

 모든 것이 적응되는 거 같아 두렵지만, 거울 속의 내 모습만은 적응되지 않는다. 투석을 하면서 빈혈로 인해 눈 밑에 다크서클이 생겼다. 이제는 판다가 친구하자고 할 만큼 진해졌다. 그것뿐만이 아니다. 뽀얗던 내 피부는 어디로 갔을까? 얼굴이 시커멓게 변했다. 머리카락도 푸석푸석하다. 윤기가 하나도 없고 힘이 없는 걸 보면 꼭 내 모습 같다.

 무엇보다 슬픈 건 계속 아프면서 키와 몸무게가 멈췄다는 사실이다. 키 154센티미터, 몸무게 43킬로그램. 중학교 1학년 때의 키와 몸무게 그대로다. 아프고 나서부터 키가 자라지도 살이 찌지도 않았다는 것은 슬픈 일이다. 그런데 다리에 털은 왜 이렇게 많아진 거지? 털만큼은 그 힘든 치료에도 잘 견디나 보다.

거울을 보고 있으면 무기력이 찾아온다. 더는 아프고 싶지도, 울고 싶지도 않다. 내 또래의 평범한 고2 여학생이 고민하는 문제로 고민해보고 싶다. 내 고민은 오로지 건강이다. 아프지 않는 사람들은 절대로 모를 고민이다.

나는 내가 긍정적이라고 생각한다. 아프면서도 오늘의 숨겨진 행복을 찾으며 살았다. 그런데 요즘에는 몸과 마음이 왜 이렇게 힘든지 모르겠다. 예전부터 나는 수술을 하거나 몸이 아파도 잘 견뎌냈다. 진통제를 많이 맞으면 좋지 않다고 해서 웬만하면 참으려고 했다. 대수술을 두 번 하고도 잘 견뎠고, 수시로 입원과 퇴원을 반복하면서도 절망하지 않았다.

다른 사람들은 암도 아니고 백혈병도 아니니까 다행이라고 말한다. 하지만 만성신부전증은 완치가 되지 않고 평생 고생을 해야 하는 병이다. 나는 하나님의 은혜로 완치될 것을 믿지만, 병은 완치가 없다. 신장이식을 받아 성공하면 괜찮지만, 이식을 받기는 쉽지 않다. 나처럼 이식을 해도 이상이 와서 다시 수술하는 경우도 많다.

나는 이 병 때문에 숨을 제대로 쉬지 못할 때가 많고, 사흘 동안 깨어나지 못해서 죽을 뻔했다. 음식도 가려서 먹어야 하고, 잠도 편하게 잘 수 없다. 눕지도 못할 때가 많고, 복통도 자주 심하게 온다. 크고 작은 수술도 세어보니 여섯 번이나 된다. 그 모든 걸 나는 아주 잘 견뎠다. 내가 나를 칭찬해주고 싶을 만큼 그랬다. 그런데 요즘은 제발 그만 아프고 싶다. 아픈 게 싫다. 지긋지긋하다.

나에게도 꿈이 있었다. 아나운서가 되고 싶었다. 그런데 아프면서 그 꿈이 그저 건강해지는 것으로 바뀌었다. 거기에 '매일 웃고 싶다'는 꿈이 하나 더 생겼고, 꼭 나아서 선교사가 되고 싶다는 꿈이 더해졌다. 나는 이제 내 꿈을 바꾸고 싶지 않다. 그저 지키고 싶다.

내 꿈을 지키지 못하는 상황이 오거나 힘들어진다면 왠지 아빠나 엄마를 원망할 것 같다. 머리로는 안다. 내가 아픈 게 엄마와 아빠 잘못이 아니라는 걸. 하지만 아프면서 깨달았다. 머리와 마음이 생각과 행동이 정반대로 나갈 수도 있다는 걸. 이대로 가면 아빠나 엄마를 원망할지도 모른다. 나는 아빠나 엄마를 원망하고 싶지 않다.

내게 남은 욕심 한 가지

나는 참 욕심이 많은 아이였다. 공부도 잘하고 싶었고, 좋은 대학교에 가고 싶었고, 아나운서가 되고 싶었다. 친구들과 잘 지내고 싶었고, 먹고 싶은 것도 많았고, 하고 싶은 것도 많았다. 그런데 이제는 이 모든 것을 가지거나 하지 못해도 괜찮다. 나에게 남은 욕심은 딱 한 가지다. 그것은 '건강'이다.

'나보다 나쁜 아이도 많은데, 왜 하필 내가 병에 걸렸지?'

처음에 병에 걸렸을 때, 이런 생각을 했다. 하지만 이제는 괜찮다. 인간이 누릴 수 있는 가장 큰 축복은 건강이라는 생각이 든다. 건강할 수만 있다면, 내가 나빠서 병에 걸렸다고 해도 괜찮다.

요즘 무리하는 날이 많았다. 학교 행사에 지역 행사인 이순신 축제까지 참여했다. 곡교천에서 시내까지 걷거나 친구들과 피구

하다 다치기도 했다. 컨디션이 조금 나아져서 이렇게 호강을 했다. 뜨거운 햇볕 아래 서 있을 수 있다는 것이 얼마나 행복한지 친구들은 모르겠지? 하지만 나는 내가 땅을 밟고 서 있는 게 감사하고 행복했다.

다시 건강해질 수만 있다면 내가 가진 모든 걸 줄 수 있다. 아니, 내가 가질 수 없는 것을 달라고 해도 어떻게든 줄 것이다. 그것이 가족만, 친구만, 내가 사랑하는 사람들만 아니면 된다. 그럼 내가 좋아하는 옷도, 휴대전화도 줄 수 있다. 지금 쓰는 이 일기를 다 달라고 해도 줄 수 있다. 더 소중한 게 뭐가 있었지? 잘 기억나지 않지만, 다 줄 거다. 건강할 수만 있다면……

내 호강을 본 악마들이 질투를 했나 보다. 또다시 힘들어졌다. 눈도 뜰 수 없을 만큼 힘들었다. 온몸이 아프다. 이상하다. 지금보다 아픈 적도 많았는데 이번 고통은 자꾸 참기 힘들다는 생각이 든다. 직접적으로 느껴지는 통증은 덜한데, 이제는 몸이 아프면 마음도 따라서 아픈 모양이다. 아주 깊숙한 곳까지 아프다. 엄마가 가장 걱정하는 건 음식을 먹지 못하는 거다.

"뭐 좀 먹어야 좋아질 텐데, 이러면 어떡하니?"

엄마는 걱정 섞인 목소리로 말한다. 나도 그러고 싶은데, 왜 이렇게 입맛까지 없는 건지 모르겠다. 허기가 지고 어지러운데 음식은 쳐다보기도 싫다. 정말 이상하다. 혹시 이번 통증이 아픔이라는 어두운 터널을 통과하기 위한 마지막 시험일까? 그렇다면 엄마는 알까?
그 누구보다도 해방하고
엄마는 아무 이유없이
내편이 되어주길
바란다는 것.. ㅅㅅ

좋겠다. 기꺼이 기쁘고 감사하게 받을 것이다.

    나에게 남은 욕심 한 가지, 그것만은 버릴 수 없다. 건강해질 거다, 분명히. 그래서 사람들 앞에 나가서 '만성신부전증이란 무서운 병과 싸워 이기는 법'에 대해 이야기해줘야지. 많은 사람에게 희망의 메신저가 될 거야. 사람들 앞에 서게 되면 꼭 말해줘야지. 건강이면 된다고. 지금 건강하다면 가장 큰 축복을 받은 거라고. 돈이 많거나 성공한 사람도 부러워하지 말라고. 건강하다면, 무엇이든지 다 할 수 있는 거라고. 늦었다는 건 이 세상에 없는 거라고. 지금 이 세상에는 건강하지 못하다는 이유만으로 아무것도 못하는 사람이 많다고. 아주 많이 감사하라고······.

짐이 되고 싶지 않아

지난주 토요일, 나는 부모님께 큰 죄를 지었다. 엄마가 나보고 실망했다고 하실 정도로 큰 잘못을 저질렀다. 내가 잘못해놓고도 그걸 알면서도 그 소리는 정말 힘들었다. 내가 엄마에게 퍼부은 건 생각하지 않고, 엄마가 참다못해 한마디 했다고 슬퍼하고 있다. 정말 나는 이기주의자다.

예전에는 일부러 아픈 척, 화난 척, 힘든 척, 불쌍한 척을 했지만 이번에는 그러기가 싫었다. 아빠와 엄마를 보며 아무 생각 없이 웃었다. 나는 '괜찮아' 하고 말하는 무언의 표현이었다. 하지만 웃고 싶지 않았다. 웃지도 않고 정색하며 마음속 찌꺼기를 다 털어냈으니 아빠와 엄마가 얼마나 당황했을까? 그 생각을 하면 집에 들어가기가 싫었다.

방귀 뀐 놈이 성낸다더니 내가 딱 그 방귀 뀐 놈이다. 오직 집에 늦게 가기 위해 난생 처음으로 야자를 했다. 집에서도 방 안에 틀어박혀 공부만 했다. 하지만 외래 진료를 가는 날은 피할 수 없었다. 어쩔 수 없이 엄마와 병원으로 향했다. 결과는 뭐 항상 듣던 이야기였다.

"전반적으로 모든 수치가 높습니다."

기분이 좋지 않아서인지, 엄마와 화해하지 못해서인지, 결과를 듣고도 내 감정이 움직이지 않았다. 결과가 안 좋다는 걸 예상한 사람처럼 담담하게 받아들였다.

집으로 돌아와 나는 다시 방 안에 틀어 박혀 있으려고 했다. 그런데 어쩌다 은선이와 또 싸우게 된 걸까? 사소한 일로 시작된 싸움은 큰 상처를 남겼다. 나는 마음이 힘들어 죽겠는데, 은선이는 개그 프로그램을 보며 웃고 있다.

은선이 말대로 정말 내가 우리 가족에게 짐일까? 은선이의 말 한마디가 진심이 아니기를 바라지만, 사실일지도 모른다는 생각이 나를 괴롭힌다. 그래 은선이가 나 때문에 손해를 보고 있는 건 사실이잖아. 그것만은 인정할 수밖에 없다. 그것만 인정하고 싶다. 더 바닥으로 내려가고 싶지 않다. 요즘 기분이 바닥이었는데, 더 굴을 파고 들어가겠다고? 아, 은비야. 정신 차리자.

은비야, 더 우울해지지 말자. 나는 필요한 사람이야. 나는 짐이 되지 않아. 엄마, 아빠, 동생, 안 집사님, 내가 사랑하는 사람에게 나는 짐일 수 없어.

I can do it!

나는 하나님의 은혜로 하루하루를 살아가고 있다. 하나님께 항상 감사하며 기도해야 되는데 몸이 편해지면 감사를 잊는 것 같다. 그게 하나님이 모두 지켜주셔서 그런다는 것을 잠시 잊어버린다. 오늘은 시험 점수 때문에 짜증나고 힘든 나 자신을 돌아보게 되었다.

학교를 한 번 빠지면 일주일씩 빠지고, 그렇게 아팠는데도 이 정도면 모두 잘한 거라 한다. 그런데 친구들과 내기를 하고는 자존심이 상했나 보다. 은지가 나보다 시험을 잘 봤다. 친구가 시험을 잘 봤으면 좋아하고 축하해줘야 하는 건데……. 나는 왜 이러고 있나? 괜히 친구들이 말하는 게 얄밉게만 느껴지는 건 왜일까? 친구들 사이에서 내가 꼴등이다. 아이들에게 밥을 사야 한다.

힘내자! 친구들에게 기분 좋게 밥을 사면 되지, 뭘.

지금은 나에게 성적 따위가 중요치 않은 것도 잘 안다. 공부는 내 몸이 건강해지면 후회 없이 해보자. 내 목표는 친구들을 이기는 것이 아니라 나 자신을 뛰어넘는 거야. 그래도 다시 내기는 안 할 거야. 절대 안 해. 에휴……. 김은비, 스마일! 학교 시험에 이렇게 좌절하면 수능은 어쩌려고 그래. 힘내고, 잘 해보자!

참 웃긴다. 벌써 나도 대학, 고3, 수능, 수시, 수험생이라는 말을 생각하는 열여덟 살이라니……. 나는 아직도 어린아이 같은데, 주민등록증이 나오는 나이라니……. 아, 자만하고 잘난 척하고 남을 헐뜯고 미워하고 아프고 아파서 울고 힘들어서 울고……. 이렇게 지나간 시간들이 아깝다. 웃고 감사하고 기쁘고 행복해하기도 시간이 없는데……. 그래, 가장 늦었다고 생각하는 때가 가장 빠른 거라는 말! 한 번 믿어보자. 나는 우리나라뿐만 아니라 세계를 돌아다니며 사랑과 희망을 주는 영향력 있는 사람이 될 거잖아. 지금은 내 꿈을 실현시키기 위해 잠시 쉬어가는 시간이라는 것을 명심해!

아픈 게 나쁜 것만은 아닐 거야. 아픈 것이 내 성격과 생각까지 변화시켰지만, 나쁘지만은 않았어. 나는 아픈 만큼 성숙했으니까 꼭 할 수 있을 거야. 총신대, 목원대, 한신대, 백석대, 숭실대. 그중의 한 대학, 기독교교육학과. 내가 거기에 가서 공부할 거야. I can do it! 나는 분명히 할 수 있다는 걸 잊지 말자.

은비야, 잘 가

 우리 가족은 친척들과 계곡에 가기로 했다. 나도 가야 하나, 괜히 가서 엄마와 모두가 상처받고 오지는 않을까……. 며칠 전부터 많이 고민했지만 가기로 결정했다. 어른들이 가자고 하는데, 가지 않는 것은 예의가 아닌 것 같았다. 그리고 솔직히 들뜬 마음을 진정시킬 수 없었다.

 나는 계곡에 갔다. 나에게는 기적이다. 내가 계곡에 갔다니……. 우리는 계곡에 갈 때 차 다섯 대에 나눠서 타고 갔다. 꼭 첩보놀이 같았다. 자리를 잡고 백숙과 닭볶음탕을 시켰다. 한 가득 가지고 간 먹을거리도 펼쳐 놓았다. 언니들과 오빠들은 도착하자마자 물속으로 풍덩! 계곡물이라 역시 시원했다. 나는 돌에 걸리지 않으려고 조심했고 언니들 노는 것을 구경했다. 언니들과 오빠들의 본격적인 물싸움이 시작되었다. 훈민 오빠가 나에게 물을 조금 튀겨서 겁이 났다. 복막관(투석을 위해 배 속에 삽입한 관)에 물이 들어가면 복막염이 생기고, 그러면 얼마나 고생하는지 지난 경험으로 알고 있기에 아주 조심하며 구경했다.

점심시간이 돼서 밥을 먹었다. 올해 들어 먹은 밥 중에 제일 맛이 있었다. 밥을 먹고 나서 언니들이 발견한 풀장으로 갔다. 여기다. 수영도 가능한 곳이구나. 나는 흥분했고 당장이라도 뛰어 내리고 싶었다. 자유롭게 수영하면서 시원함을 느껴 보고 싶었다. 그런데 현실은 아니었다. 나는 수영하면 안 된다. 무조건 참아야 한다. 이제는 조금만 참으면 나을 거라고 믿으니까 괜찮을 줄 알았는데 더욱더 심했다. 괜히 내가 아프다고 해서 다른 사람들이 놀고 있는데 분위기를 깰까봐 참았지만, 더는 못 참을 것 같았다. 나도 모르게 어느 순간, 물속으로 뛰어들 것 같았다.

"엄마, 나 집에 가야겠어."

엄마는 내가 굳이 말하지 않아도 내 마음을 알아주는 것 같았다. 엄마는 그러자고 했고, 아빠에게 말하려고 갔다. 아빠는 오랜만에 형제들과 아주 즐거운 한때를 보내고 있었다. 나는 그런 아빠에게 집에 가겠다는 이야기를 하는 것조차 미안했지만, 어쩔 수 없었다.

"아빠, 나 집에 갈래."

나는 아빠의 옆에 바짝 붙어서 아주 작은 소리로 말했다. 눈물이 핑 돌았다. 다른 사람들과 내가 똑같지 않아 새삼스럽게 슬펐고, 혼자 바보같이 아닌 척 웃는 게 힘들었다. 그렇게 힘들어하는 내가 불쌍했고, 그 마음들이 금세 눈물로 변했다. 눈물이 주루룩 주루룩 비가 되어 내렸다. 그 모습을 본 고모가 힘내라며 용돈을 주며 포옹해주실 때 눈물이 났다. 아빠가 일어나 내 손을 잡고 차를 향해 갈 때는 숨도 못 쉴 만큼 힘들었다. 언니가 뒤에서 "은비야, 잘가!" 하는 목소리가 또렷하게 들렸지만 뒤돌아보지 않았다. 더는 우는 모습을 보이고 싶지 않았다.

나는 차 안에서도 하염없이 울었고, 울다보니 진짜 아파졌다. 집에 도착할 때쯤 정신을 놓은 것처럼 아파했고, 걸을 힘도 없었다. 아빠가 나를 업고 집으로 들어갔다. 침대에 누워서도 아팠고, 눈에서 내리는 비는 멈추지 않았다. 눈에서는 꼭 아픔이 폭발할 때 비를 내리더라. 우산 쓸 겨를도 없이, 비옷을 입을 시간도 주지 않고. 내 얼굴과 마음은 소나기를 맞았다.

아픔을 숨기는 웃음이란 방패

 아프고 나서 바보 같은 버릇이 생겼다. 아프지 않은 척, 슬프지 않은 척, 힘들지 않은 척……. 나는 '척'쟁이가 되어버렸다. 잘난 척이라도 하고 싶지만 내가 할 수 있는 척이라고는 우울한 것뿐이다. 계속 아무렇지도 않은 척하다 보니 내가 웃고 있는데도 진짜 웃는 건지, 아니면 초라한 내 모습을 보이고 싶지 않아서 웃는 건지 잘 모르겠다.

 유명 인사들이 수많은 플래시와 사람들 속에서 웃을 때 경련이 날 거라는 생각을 한다. 나도 그럴 때가 있다. 그럴 때마다 다른 사람들은 내가 기분이 좋다고 생각한다. 하지만 나는 내 모습 속에서 '아픔'이라는 단어가 발견되는 게 싫어서 '웃음'이라는 방패를 내미는 것이다.

친구와 친척들은 내 피부와 자라지 않는 키 등을 소재로 나를 놀린다. 그들은 장난이지만, 내 마음은 장난을 잘 받아들이지 못한다. 그게 다 아파서 생긴 자국이나 상처라고 말하면, 내가 초라해 보일까봐 그냥 웃음으로 넘긴다. 어제는 친구들끼리 장애인 이야기를 했다. 나도 장애인이라고 말하고 싶었지만, 억지로 웃으며 장애인이 아닌 척했다. 아무렇지도 않은 척을 심하게 한 날은 집에 오면 온몸의 기운이 다 빠진다. 그리고 머릿속에 한 단어가 떠오른다.

'죽음.'

왜 이렇게 무시무시한 단어는 꼭 기분이 바닥일 때만 떠오르는지……. 나는 죽는 게 무섭지는 않다. 나는 단 한 번이라도 내가 낫지 않을 거란 생각을 한 적이 없다. 지금도 죽음과 맞서는 사람이 얼마나 많은데, 내 기분이 가라앉았다고 죽음을 함부로 떠올리지 말자. 정말 코앞에 죽음을 앞두고 있는 사람들에게 미안해진다.

마음, 생각 비우기

 이제껏 아팠던 내 모습으로 그 누구보다 치열하게 살았다고 말했지만, 그 말에 내 마음이 찔렸다. 왜냐하면 아프다는 핑계로 이겨낼 수 있었던 일들도 다 미뤄두고 있었으니까. 우연히 오늘 이 일기장을 꺼내보니 저번에 써놓은 한 구절이 눈에 들어온다.
 '마음, 생각 비우기.'
 내 마음과 생각이 내가 보기에도 복잡해서 이렇게 써놓았던 모양이다. 그래, 마음과 생각은 비우고 행동하자. 나의 많은 시간을 아픔 때문에 고통과 눈물로 보냈지만, 이제는 내가 스스로 노력하자. 적어도 아프지 않을 때는 말이다.
 바로 어제, 이렇게 단호하게 결심을 했건만 하루 만에 소용이 없어졌다. 지독한 감기에 걸려버렸다. 열이 나거나 기침을 하는 것도 아니고, 단지 콧물만 나오는데도 많이 힘들다. 끙끙 앓는 소리가 절로 나오다니……. 하루 종일 코를 풀었더니 머리도 띵하고 정신도 이상하고 코도 헐었다. 더군다나 이번 감기는 엄마와 은선이까지 함께 걸렸다. 이런저런 생각을 많이 해서 그런가 싶기도 하다. 그런 거라면 내가 미련한 것이다. 오늘 친구들하고 즐거운 시간을 보내려고 했는데, 감기 때문에 학교에 가지 못했다.

하나님, 오늘 자고 일어나면 개운하게 낫게 해주세요. 엄마도 은선이도 낫고, 아빠는 옮지 않도록 도와주세요. 그러면 마음과 생각을 비우고, 다시 행복하고 기쁘게 살게요. 아흥……. 힘들어 죽겠습니당.

크리스마스 만큼은 아프지 않았으면

 내가 쓴 글을 보며 힘을 내고 감동을 받는다. 그것은 아마도 내 아픔의 흔적을 볼 수 있어서겠지. 내 글을 보면 끝이 보이지 않아 허우적거렸을 때도 있었다. 하지만 지금 이렇게 살아 있다는 것이 나에게 희망을 준다. 아직은 희망을 주지만, 앞으로는 많은 사람의 희망이 되기를 바라며 글을 쓴다. 지금의 내 모습과 환경을 본 사람들은 희망이 없다고 할 수도 있겠지만, 그것은 정말 잘못된 생각이다. 나는 지금도 빛이 있는 곳으로 천천히 한 발짝씩 걸어가고 있으니까.

 오늘은 크리스마스이브다. 교회에서는 오늘 큰 행사가 열린다. 모든 교인이 예수님 생일 축하파티를 여는 것이다. 교회에 다니지 않는 사람들은 모르려나? 음……. 유치원 발표회나 학예회를 아주 즐겁게 한다고 생각하면 될 것 같다.

나는 오늘을 기대하며 무척 기다렸다. 그런데 아빠가 일 때문에 늦어서 나도 못갈 뻔했다. 하지만 한나 덕분에 갈 수 있었다. 우리는 조금 늦게 도착했는데, 사람들이 많이 와 있었다. 그들은 아주 즐거워 보였고, 귀여운 풍선 장식이 눈에 띄었다. 곧 축하파티가 시작되었다. 모두 각자의 재능을 발휘해 여러 무대를 선보였다. 유치원생부터 할머니들까지 열심히 연습해서 공연을 선보이는데, 솔직히 부러웠다.

나는 나도 모르게 내가 무대에 선 장면을 상상했다. 이럴 때는 이런 멘트를 해야 멋있겠지? 사람들이 감동하겠지? 사람들이 공감해줄 거야. 아프지만 않았다면 내가 저 자리에 함께할 수 있었을 텐데……. 친구들의 무대를 보며, 친구들의 얼굴 대신 내 얼굴을 넣어본다. 나도 저기에 있다면 잘 어울릴 텐데……. 정말 잘할 수 있는데……. 지난여름, 물속에 그냥 뛰어 들어가고 싶었던 그 마음이 다시 샘솟았다. 그 마음속 충동이 다시 무대를 보며 튀어나와 내 마음을 제어할 수 없게 만든다.

사람이 무엇을 미치도록 하고 싶고, 그렇게 함으로써 살아 있음을 느끼고, 심장이 뛰는 것을 안다면, 그것을 꼭 해야 한다. 그리고 그 사람은 행복한 사람이다. 지금 내가 그렇다. 무대에서 많은 사람에게 감동을 주고 희로애락을 선물하고 싶다. 많은 사람이 나를 주목하고, 그 모습을 보며 내 심장은 미치도록 뛸 것이다.

글을 쓰는 동안 자정이 지났다. 크리스마스다. 내가 사랑하는 사람들에게 "메리 크리스마스!"라고 말해줘야지. 하지만 내 아픔에게는 인사해주지 않을 거야. 아픔이 나에게 인사하면 내가 고개를 휙 돌려 버려야지. 그러면 따라오지 말고 떠나버려. 오늘은 행복한 크리스마스야. 너를 보고 싶지 않아.

스무 살

나의 희망 다이어리

나에게는 금방 나을 거란 희망과
천국으로 떠날지 모른다는 희망이 함께 있다.
왜 그것이 희망이냐고 묻는 사람이 있을까?
그러면 이렇게 대답하고 싶다.
아주 많이 아파보면, 그 아픔을 내 몸이 견딜 수 없겠다는 생각이 들면,
마음에 그저 평온해지고 싶은 열망이 가득해진다.
그러니까 살고 싶은 것도 죽고 싶은 것도 똑같이 희망이다.

9/24

죽음이라는 단어를 가볍게 그리고 마음 아프게 생각하고 싶지 않고 나에게 죽음이라는 단어를 가볍게 그리고 마음이 아플거나 마음이 아플 때는 해당되지 않다고 생각하는 그 무엇을 다어도 늘 몸이 아프거나 마음이 아픈 때는 떠오른다. 우리가 땡땡에 쓰는.. 변안같에 쓰기 않는 죽겠다는 말은 나의 마음을 아프게하며 앞에 난 하나게 한다 지금도 죽음과 맞서고 있는 사람이 얼마나 많은데... 내 작은 것이 무너진 거 가짜다 죽어서 ❌ 심판을 받으면 내가 어떻게 지온다가 너무 많아서 하나님 한테 혼날까봐... 기욱간까봐 또 천국가서 칭찬받고 싶어서 죽어지도 안된다 사는 한번이라도 내가 남기않을 거머두 생각을 한 것은 없다 ❶ 하나님이 그래라한다고 할 것을 예전에도 지금도 앞으로도 달기 때문에 만약 이 믿음이 없었다면 나는... 상처.. 뭇한 모습일 것이다 근데 조금은 두렵다 고등학생 시절이 다지나서 대학때까지도..

아파도 우리는 친구야

새해가 밝은 지 얼마나 되었다고 또 넘어져 있는 나를 발견했다. 두려워하고 짜증내고 원망도 했다. 이렇게 바보 같을 수가……. 내 몸이 나으려면 긍정적인 생각이 무엇보다 중요한 걸 알면서도 왜 이러는 걸까? 자꾸 일어나려고 노력하지 않고, 넘어질 준비만 하고 있는 내 모습이 많이 실망스럽다.

이대로는 안 된다는 것을 알면서도 생각한다. 매일 고민하고 걱정하기 전에 내가 더 노력하면 되는 것을 알고 있다. 그런데 실천으로 옮기지 못하고 있다. 의지가 일어나야 옮길 수 있는데, 의지는 도무지 일어날 생각을 하지 않는다. 이것도 변명이겠지만 올해 들어 몸이 더 무겁다. 하루 종일 가라앉아 있는데, 그럴 때면 어두운 그림자가 내 몸을 감싼다.

자연스럽게 자신감이 사라지고 의욕이 없고 만사가 귀찮고, 어차피 해도 안 될 거라는 생각이 마음에 가득하다. 나는 왜 이러지? 다시 또 내일이 오늘로 다가오고 있다. 공부는 내 꿈에 아무런 영향을 주지 않는다고 생각하지 말자. 성취감만 노리지 말고, 꿈을 향해 천천히 가자. 우선순위를 정하고 시작하자. 친구들과의 오해도 풀렸으니 잘할 수 있을 거라 믿는다.

나는 친구들을 오해하고 있었다. 내가 계속 아프니까 친구들도 나를 귀찮게 생각하는 것 같았다. 그래서 나는 일부러 밝은 척하며 웃었다. 그렇게 지내다보니 친구들이 나를 쉽게 볼 거라는 생각이 나를 괴롭혀서 일부러 표정 없이 그냥 있기도 했다. 그래도 친구들은 나를 좋아하는 것 같지 않았다. 하지만 오늘 오해가 풀렸다.

2학년 1반 생활을 마치면서 반 아이들과 롤링 페이퍼를 주고받았다. 큰 종이에 내 이름을 적고, 친구들이 나에 대한 생각을 적어주는 것이다. 나는 친구들의 이름이 적힌 롤링 페이퍼에 글씨를 쓰면서 떨렸다. 우리 반 아이들이 나에 대해 어떻게 생각할까? 별로 좋아하지 않겠지? 그래, 그럴 거야. 나를 좋아할 리 없잖아. 이런 생각들이 꼬리에 꼬리를 물고 내 머릿속으로 들어왔다.

시간이 지나고, 내가 친구들의 롤링 페이퍼에 내 생각을 담았을 때쯤 내 롤링 페이퍼도 완성되었다. 드디어 나에 대한 아이들의 인상과 느낌과 생각이 담긴 종이를 받았다. 35명의 글을 읽는데, 어찌나 가슴이 떨렸는지 모른다. 하지만 천천히 읽어 내려가면서 그 떨림은 설렘으로 바뀌었다.

'은비야, 아프지 마.'

'은비야, 너를 위해 기도할게.'

'너와 함께라서 정말 좋았어. 다 나아서 우리 마음껏 뛰어 놀자.'

'슬퍼하지 마. 너는 아파도 내 친구야. 아프다고 우리가 친구라는 사실이 변하지는 않아.'

정말 눈물이 나올 만큼 감동이었다. 하나같이 나를 걱정해주고 위로해주었다. 마음속에서 예전의 밝고 당당했던 내가 고개를 들었다. 오해는 줄행랑을 쳐서 뒷모습도 보이지 않았다. 나는 롤링페이퍼를 읽고, 읽고, 또 읽었다. 그 사이에, 밝고 당당했던 내가 다가와 나를 안아주었다. 나는 펑펑 울며 그 품에 아주 오랫동안 안겨 있었다.

병도 친구가 있어

 병과 사람은 공통점이 있다는 것을 알게 되었다. 병도 친구를 만든다는 것. 병은 자꾸 병을 불러온다. 친구를 집으로 불러서 노는 것처럼 내 몸으로 불러와 같이 논다. 사람 친구는 좋은데, 병 친구는 별로 좋지 않다. 그 집을 망가뜨린다. 아, 그것도 똑같은 건가? 어렸을 때 친구와 집에서 놀면 집을 어지럽힌다고 엄마에게 혼났다. 그러고 보니 진짜 똑같네.

 내 병은 또 친구를 불러왔다. 신장의 병이 심장의 병을 불러왔고, 이번에는 복막염을 불러왔다. 그것들이 내 몸을 어지럽혀서 나는 더 아팠다. 하지만 누구를 원망하거나 우울해지거나 짜증내고 싶지 않았다. 그것도 이제는 질린 건가? 그냥 이것도 잘 감수해야지 하는 생각이다. 그런데 병이 친구가 생기면 생길수록 나는 힘이 없다. 일기를 쓸 힘도 없다. 아무것도 하기 싫다.

병아, 친구 좀 불러오지 마. 너도 힘들잖아. 친구 사귀기가 얼마나 힘든지 나도 알아. 그러니까 괜히 힘들게 친구 사귀지 마. 너 때문에 내가 친구들하고 못 놀잖아. 나, 학교도 다니고 싶고 대학교도 갈 거야. 꿈도 있고, 짜증내기도 싫어. 그러니까 친구 만들지 마. 아니 내 몸으로 놀러오지 마. 그것만 하지 말아줘.

대학생이다!

외래 진료를 받으러 병원에 가는 길이었다. 엄마는 전화를 받으며 "네, 네, 감사합니다" 하며 연신 꾸벅 인사를 했다. 도대체 무슨 전화이길래 이러나 싶었는데, 전화를 끊은 엄마가 말해주었다.

"은혜야, 너 합격이래."

"응?"

"나사렛대학교, 백석대학교 다 합격이라고."

"정말?"

엄마는 고개를 끄덕였다.

"은혜야, 축하한다."

운전을 하고 있는 아빠가 축하 인사를 건넨다. 나는 정말 기뻐서 도무지 무슨 말을 먼저 해야 할지 생각이 나지 않았다.

원래 내 꿈은 아나운서였다. 그 꿈을 이루기 위해 신문방송학과를 가고 싶었다. 하지만 아프면서 꿈이 바뀌었다. 어려운 사람들을 돕는 사람이 되어 나처럼 아픈 사람들을 위로하고 싶었다. 나는 그 꿈을 위해 신학대학교 기독교교육학과로 진로를 정했다. 하지만 매일 투석을 해야 하니 멀리 갈 수 없었다. 위급 상황이 발생하면 집에 연락을 해야 하기 때문이기도 했다.

나사렛대학교 기독교교육학과에 원서를 넣었다. 먼저 품었던 꿈을 다 내려놓지 못해서 백석대학교 신문방송학과에도 원서를 넣었다. 면접을 보는데 참 많이도 떨었다. 아프다는 이유로 거절할지도 모른다는 생각이 들었다. 한눈에 봐도 아픈 얼굴이 마음에 걸렸다. 그런데 그것은 쓸데없는 걱정이었다. 담임 선생님에게서 전화가 왔다.

"은혜야, 합격자 발표 난 거 들었니? 다 합격이래."

선생님은 항상 자신의 일처럼 함께 기뻐해주신다.

"네, 들었어요."

"네가 우리 반 첫 스타트로 합격했구나. 정말 축하한다."

"네, 감사해요."

선생님의 전화까지 받으니 가슴이 벅차올랐다.

"그런데 은혜야, 어디로 결정할래?"

"나, 아무래도 기독교교육학과가 마음에 더 들어."

나는 나사렛대학교로 결정했다. 백석대학교는 길이 복잡해서 집에서 통학하기가 힘들다. 또 아프기 전의 꿈보다는 아프고 나서 사람들과 더불어 살고 싶은 꿈을 더 지키고 싶다.

"그래, 그렇게 해, 그럼."

엄마도 동의해주었다.

"아빠는 어떻게 생각하세요?"

"은혜야, 네 생각대로 해."

아빠도 내 의견을 존중해주었다. 내가 이제 대학생이라니……. 기쁘고 설렌다. 사실 아프기 때문에 서울에 있는 대학에 지원을 못한 건 많이 아쉬웠다. 서울대학교 병원에서 지내는 시간이 학교에서 지낸 시간보다 많았다. 체력이 많이 약해져서 집에 와서도 공부를 오래하기는 힘들었다. 특별히 더 열심히 하고 싶었는데, 내가 할 수 있는 일은 아무것도 없었다. 여러 가지 상황이 나를 대학교와 멀어지게 만드는 거 같아 우울했던 적도 많다. 하지만 '합격'이라는 두 글자를 들으니, 꽁꽁 묶였던 마음이 풀린다.

누군가의 희망이 된다면

 일기를 쓰는 것이 오랜만이다. 내가 그렇게 좋아했던 일기를 합병증이 생기고 몸이 더 힘들어지면서 쓸 수 없었다. 글을 쓰는 것이 나에게 위로가 되지 않아 그만두었다. 아니, 글을 쓸 힘도 의욕도 없었다. 마음은 행복했지만, 몸은 행복하지 않았다. 생각은 감사했지만, 행동은 감사하지 않았다. 그런데 왜 다시 쓰고 있지? 나에게는 금방 나을 거란 희망과 금방 천국으로 떠날지 모른다는 희망이 함께 있다. 왜 그것이 희망이냐고 묻는 사람이 있을까? 그러면 이렇게 대답하고 싶다.

 아주 많이 아파보면, 그 아픔을 내 몸이 견딜 수 없겠다는 생각이 들면, 마음에 그저 평온해지고 싶은 열망이 가득해진다. 그러니까 살고 싶은 것도 죽고 싶은 것도 똑같이 희망이다. 어떤 희망을 붙잡고 내가 글을 쓰는지 모르겠지만, 나는 쓰고 싶다. 내가 더 아픈 사람을 보고 희망을 얻었던 것처럼, 누군가 힘든 사람이 내 글을 보고 나보다 아픈 사람이 이렇게 잘 살고 있었구나 하고 알았으면 좋겠다.

요 며칠 투석 때문에 힘들었다. 힘든 게 지나가면 다른 힘든 것이 자리를 차지했다. 여기가 끝이라고 생각했는데, 다른 아픔이 손짓한다. 끝이 아니라고, 더 아파도 끝은 없다고. 나는 두 주먹을 꼭 쥐고 견디며, 견디다가 안 되면 악을 쓰며 참고 참으며 기도했다.

'하나님, 제가 어떻게 하라고 이러세요? 차라리, 그냥 데려가세요. 더는 싫어요.'

얼마나 악을 썼을까? 마음속에서 따뜻한 음성이 올라왔다.

'사랑하는 딸아, 두려워하고 염려 마라.'

내 눈에서 뜨거운 눈물이 흘러내렸고, 힘든 게 잠깐 사라졌다.

'하나님, 제 마음이 어떤지 아시죠? 저도 정확히 정의내리기는 힘들지만 하나님은 아시죠? 하나님이 제 곁에 안 계셨다면, 여기까지 오는 것도 불가능했겠죠. 이렇게 힘들고 아픈 모든 것이 분명히 헛되지 않고 나중에 이렇게 축복을 받으려고 그렇게 아파했구나 하고 깨닫고 웃을 날이 오겠죠? 정말 그런 거라면 달게 받을게요. 감사함으로 받겠어요.'

아픔은 다시 찾아왔고, 내 눈물은 멈추었다. 정말 아프면 울 수도 없다. 정말 아프면 악 소리도 내지 못한다. 나는, 정말 아프다.

아빠, 내가 안아줄게

더욱 많은 기도가 필요한 걸까? 얼마나 더 기도해야 할까? 더 간절하게, 애타게 부르짖어야 하는 걸까? 요즘은 하루하루가 감사하고 행복하다가도 불안하다. 아빠는 언제 터질지 모르는 시한폭탄 같고, 엄마는 불쌍하고 안쓰럽다. 내가 많은 것을 바란 것도 아닌데……. 그냥 건강하고 행복해하며 서로를 보며 웃을 수 있는 가족을 꿈꾸었을 뿐인데…….

나는 친구들과 만나서 노는 것도, 재미있는 텔레비전 프로를 보는 것도, 옷을 사고 예쁜 것을 가지는 것도 행복이 아니라는 걸 안다. 그것보다 소중하고 중요한 것이 있다는 것을 안다. 그저 평범한 일상, 그 속에서 각자가 열심히 살며, 또 함께 모여 있을 때는 행복한 가족. 나에게는 그것이 무엇보다 중요하다. 그런데 그렇게 가장 중요한 것이 참 나를 어렵게 한다.

아빠는 아빠의 인생이 있다고 했다. 그러니까 구속하지 말라고 했다. 그래, 아빠 말이 맞다. 나는 나고 아빠는 아빠다. 그것은 알지만 아빠의 행동이 이해되지 않는다. 술을 끊고 기쁘게 사는 것이 그렇게 힘든 걸까? 아빠가 힘든 걸 모르지 않는다. 모든 문제의 원인인 내가 그것을 모를 리가 없다. 하지만 요즘은 나보다 아빠가 어린아이 같다. 아빠의 마음속에 원래 어린아이가 살았나? 그것을 엄마와 내가 몰랐던 걸까?

목구멍까지 차오른 말들을 참았다. 예전 같았다면 막 퍼부어버렸을 텐데, 왠지 그럼 안 될 거 같았다. 아빠가 집을 나가서 돌아오지 않을 것 같았다. 아빠 마음속 어린아이는 왜 갑자기 튀어나온 걸까? 버티고 버티다가 결국 못 참고 나온 거겠지? 그래, 그런 걸 거야. 그래도 아빠는 그냥 아빠이면 안 되나……. 내가 나을 때까지만 아빠가 버팀목이 되어주면 안 되는 건가. 내가 다 나으면 아빠를 꼭 안아줄 수 있을 것 같은데, 지금은 나 자신이 버거워 우뚝 서 있기도 힘이 든다. 아빠를 안으려고 팔을 뻗으면 내가 먼저 넘어질 거 같다.

아빠, 조금만 힘내주면 안될까? 내가 나으면 꼭 안아줄게. 나, 이제 울 힘도 없는데 아빠도 씩씩하지 않으면, 아빠가 넘어지면 나는 진짜 허수아비 같거든. 미안해, 내가 아파서. 길게 아파서……. 미안해, 진짜.

5리터의 눈물

　나처럼 병마와 싸웠던 기토 아야(木藤也)의 이야기를 담은 『1리터의 눈물』을 읽었다. 아야도 나만큼 힘들었겠구나, 나만큼 힘든 사람이 또 있구나, 이런 생각에 위로가 되었다. 그런데 내 생각에는 아무래도 1리터로는 부족한 것 같다. 적어도 6리터는 된 거 같다. 내가 아픈 지 벌써 6년. 적어도 1년에 1리터의 눈물은 흘린 느낌이다. 세상 사람들이 평생을 살면서 흘려볼까 말까한 엄청난 양의 눈물을 나는 6년 동안 흘렸다.

　처음에는 그냥 하염없이 눈물이 나왔다. 그만 멈추라고 명령했지만, 눈물은 절대 내 명령을 따르지 않았다. 3년 정도 지났을 때는 어느 정도 조절은 되었지만, 그래도 참 많이 울었다. 작년까지 정말 많이 울었고, 올해가 돼서는 확실히 눈물이 줄었다. 이제는 울 만한 일에도 내 마음이 그러려니 한다. 눈도 마음을 따른다. 올해는 1리터가 안 될지도 모르겠다. 그럼 그동안 흘린 눈물과 올해 흘린 눈물을 합쳐서 5리터라고 해야겠다. 정말 오늘의 일을 천천히 떠올려보니, 눈물이 확실히 줄긴 했구나.

오늘, 엄마가 집에 없었다. 동생과 점심에 밥을 시켜먹기로 했다. 그런데 동생이 잠깐 나갔다 오겠다고 했다. 나는 그러라고 했고, 다녀오면 밥을 먹자고 했다. 그런데 3시가 넘어도 동생은 오지 않았다. 그런데 엄마는 밥 먹을 시간이 지났다고 얼른 밥을 먹으라며 전화를 몇 번이나 했다. 나는 하는 수 없이 동생에게 전화를 해보았다.

"언제 와?"

"30분만 더 있다 갈게."

"엄마가 계속 밥 먹으라고 전화 와. 빨리 와서 밥 먹자."

"아, 짜증나. 30분만 있다 간다고!"

갑자기 동생은 성질을 냈다. 나도 화가 나서 전화를 끊어버렸다. 시계를 보니 3시 반쯤 되었고, 나는 30분을 더 기다렸다. 그런데 동생이 오지 않아 라면을 끓이려고 냄비에 물을 담았다. 가스레인지에 냄비를 올리고 불을 켰다. 보통 라면은 질려서 콩나물과 김치를 넣고 면은 반만 잘라서 넣고 끓였다. 나는 맛을 보고 생각했다.

'어느 정도 일품 라면이 되었군.'

라면 냄비를 밥상에 올려놓고, 밥도 반 그릇 퍼서 놓았다. 맛있게 라면을 먹고 있는데, 선애에게서 문자가 왔다.

[오늘 슬비와 혜진이와 삼겹살 먹으려고 했는데 나는 싫어. 비싸기도 하고, 먹기도 싫어서. 우리 해장국 먹으러 갈래?]

나는 문자를 보고 조금 서운했다. 나는 해장국을 싫어하기 때문이다.

[나는 괜찮아. 너희들끼리 먹어.]

나는 라면을 먹고, 선애에게 전화를 했다.

"해장국 먹으러 갔어?"

"응, 셋이서 해장국 먹고 있어."

이 말을 듣는데 나는 왠지 모르게 씁쓸했다. 서운함이 밀려왔다. 그런데 눈물은 나지 않았다. 예전 같으면 펑펑 울었을 텐데……. 나도 내가 신기했다.

『1리터의 눈물』은 아야가 죽는 것으로 이야기가 끝난다. 하지만 나는 '새 생명, 기적, 하나님의 은혜'로 끝날 것을 믿는다.

행복한 외식

요즘 거의 한 달 동안 바깥출입을 하지 않으니 심심하고 답답했다. 이러다가 대학 생활은 잘할 수 있을지 모르겠다. 3월이 되면 나는 나사렛대학교 기독교교육학과 학생이 된다. 아프지 않았다면 더 좋은 대학에 갈 수 있는 실력이라는 생각에 조금 슬프기도 했다. 그러나 몸이 아프니까 이동 거리도 고려해야 했다. 혹시 모를 위급 상황이 닥쳤을 때를 대비해서 부모님이 올 수 있는 거리여야 한다.

정말 사람 욕심은 끝이 없나보다. 대학만 다닐 수 있다면 좋겠다고 바랐는데, 어쩔 수 없이 가까운 대학을 가야 한다고 생각하니 내 병이 원망스럽다. 어리석다. 그냥 감사하자. 고등학교도 다니지 못할 줄 알았는데, 고등학교를 다녔다. 졸업도 못할 줄 알았는데, 졸업하고 이제 대학생이 된다. 이보다 감사할 일이 어디 있다고 불평하고 있는지 모르겠다. 감사해야지. 감사한 일이 생겨서 감사한 게 아니라, 감사하면 감사한 일이 생긴다고 했다. 그냥 감사가 먼저라고 생각했는데, 정말 감사를 먼저 하니까 감사한 일이 생겼다.

심심해서 몸을 배배 꼬고 있는데, 아빠에게서 전화가 왔다.

"집에만 있으면 답답하니까 같이 나가서 밥이나 먹자."

어? 내가 집에만 있어서 답답한지 어떻게 알았지? 부모님은 참 신기한 존재다. 말하지 않아도 마음속 생각을 알아맞춘다. 가끔은 맞추었다고 생각하고 무조건 잔소리를 해서 문제가 되긴 하지만……. 아무튼 오늘 아빠의 전화는 나를 행복하게 했다. 라디오 방송국에 사연을 보냈다가 당첨된 사람처럼 신이 나서 나갈 준비를 했다.

아빠는 그 전에도 뭐 먹으러 나가자는 이야기는 많이 했다. 하지만 이번에는 뭔가 그 말들이 자상하고 사랑이 넘치는 이야기로 들렸다. 내가 신이 났던 걸까? 아빠와 엄마는 내가 먹고 싶은 걸로 먹겠다고 했고, 은선이도 동의했다. 그래서 멀리 가자고 말했는데, 가다 보니까 삼겹살이 더 당겼다.

"아빠, 삼겹살 먹으면 안 될까?"

나는 이렇게 변덕을 부렸고, 아빠는 짜증 한 번 내지 않고 자동차를 돌렸다. 엄마와 은선이도 좋다고 했다.

우리는 빙 둘러 앉았다. 서로 고기를 앞 접시에 챙겨주고, 서로 더 먹으라며 자신의 몫을 양보했다. 두런두런 이야기를 하며 식사를 하는데, 가슴이 뭉클해졌다. 바로 이런 게 행복이구나. 이게 감사구나. 예전에는 미처 몰랐던 우리 가족의 행복한 저녁식사 때문에 눈물이 날 정도였다.

안돼, 아빠도 같이 가

 설 전날, 할머니네로 갔다. 사정이 있어서 친척 분들이 많이 오지는 않았다. 예전 같으면 누군가의 한마디에 상처를 받았겠지만, 이번에는 전혀 그렇지 않았다. 그러든지 말든지 웃었다. 나는 이미 할머니네로 오는 자동차 안에서 결심했다. 할머니가 무슨 말을 하든지, 언니들과 친척 어른들이 뭐라 하든지 상관하지 말자고. 그러면서 쓸데없는 생각이 날까봐 노래를 흥얼거렸다.
 "까치까치 설날은 어저께고요, 우리우리 설날은 오늘이래요."
 그래, 오늘은 '우리우리 설날'이다. 당당하고 기쁘게 지내야지. 나는 그렇게 결심했다. 설날 아침에 눈이 충혈되어 신경이 쓰이긴 했지만 기분은 좋았다. 이제는 어떠한 말들도 하하 웃으며 넘길 수 있다고 생각했다.

"대학교 들어간다며? 축하한다."

어른들은 대학교 입학을 축하해주며 세뱃돈도 많이 주셨다. 세배를 다 하고, 할아버지 묘소에 갔다. 정말 험한 산이라서 좀 힘들었지만 아무 이상 없이 다녀올 수 있었다. 산에 오르니 정신이 맑아진 느낌이었다. 다시 할머니네로 와서 치킨도 먹고 윷놀이도 했다. 우리 팀이 이겨서 기분이 더 좋아졌다. 정애 언니가 칠리새우를 만들어줘서 아주 맛있게 먹었다. 여기까지는 정말 좋았는데……. 이렇게 마무리되었으면 좋았을 텐데, 아쉽고 슬프다.

나는 밥을 먹고, 집으로 돌아와 투석을 해야 했다. 아쉬운 마음을 뒤로 하고 일어서려는데, 언니들이 아빠를 붙잡았다. 아빠한테 가지 말고 같이 놀자고 했다.

"언니, 안돼. 투석 때문에 아빠도 가야 돼."

나는 웃으면서 장난처럼 말했다.

"응, 가야지."

아빠도 내 말을 거들어 주었다. 그런데 갑자기 고모가 더 있다 가면 안 되냐고 하는 것이다. 아빠도 그러고 싶은지 나에게 물었다.

"아빠는 더 놀고 가도 될까?"

나는 정말 그 말을 듣는데 정신이 아찔했다.

"안돼. 아빠도 같이 가야 돼."

이 말을 하는 내가 미웠다. 내가 아빠를 구속하는 것 같은 느낌이 싫었다. 결국 아빠는 도살장에 끌려가는 소처럼 나를 따라서 나왔다. 나는 그런 아빠의 모습을 보는 것보다 오늘 내 기분을 망친 것이 더욱 슬펐다. 오늘은 '우리우리 설날'이 아니고 '까치까치 설날'이었던 모양이다.

은비에서 은혜로

엄마는 내 이름이 슬프게 느껴진다고 했다. 아프기 전부터 이름이 별로 마음에 들지 않았다고 했다. 그런데 아프니까 더 신경이 쓰이는 모양이었다. 이름을 바꾸면 어떻겠냐고 물었고, 나도 아빠도 동의했다. 엄마는 기도하며 이름을 고민했다. 그리고 얼마 후에 말했다.

"은총이와 은혜란 이름이 떠올라. 어때?"

"좋아."

"그럼 둘 중에 어느 이름으로 할지 더 기도해볼게."

은총이와 은혜. 나는 그 이름 둘 다 괜찮았다. 엄마는 내 이름 중에 특히 '비' 자가 슬퍼 보인다고 했기 때문에 '비' 자만 바꾸면 되는 거였다. '은' 자는 은선이와 똑같기 때문에 바꾸지 않는 게 좋다. 자매가 이름이 다른 것보다는 한 글자라도 똑같은 게 좋다.

엄마는 결국 '은혜'라는 이름으로 결정했다. 하나님의 은혜로 내가 나았으면 좋겠다는 생각에 나도 동의했다. 아빠도 좋다고 했고, 엄마는 법원에 개명신청을 했다. 절차가 복잡하고 오래 걸릴 줄 알았는데, 생각보다 빨리 해결되었다.

"김은혜, 김은혜, 김은혜······."

그 이름을 발음할수록 기분이 좋았다. 새로 태어난 기분이랄까? 무엇보다 엄마가 좋아해서 더 좋다.

엄마는 요즘 돈 때문에 많이 힘들어 보였다. 아빠도 돈이 없어서 스트레스를 받는 것 같았다. 엄마는 깊은 한숨을 쉬고, 표정이 좋지 않았다. 나는 엄마와 더 많은 시간을 같이 있기 때문인지 엄마의 표정이 거슬렸다. 나는 힘들지 않게 해달라고 기도했다. 우리 집도, 엄마와 친하게 지내는 윤 집사님도, 나를 엄마처럼 챙겨주는 안 집사님도 돈 때문에 힘들지 않았으면 좋겠다. 우리 집뿐만 아니라 주위의 사람들도 돈 때문에 힘들지 않았으면 좋겠다.

며칠 무거웠던 엄마의 표정이 가벼워졌다. 엄마의 웃는 얼굴을 보니 나도 기분이 좋다. 김은혜. 어색하지만 정이 가는 이름이다. 김은혜. 너는 이제 김은혜다. 잘 지내보자. 내 마음속의 기쁨과 사랑하고 잘 지내라. 김은혜!

독수리 날개 펴듯

내가 왜 그랬지? 그냥 궁금했다. 호기심에 따라가다니……. 아이고, 진짜 왜 그랬어? 김은혜. 주일에 예배를 잘 드리고, 경건한 마음으로 잘 있다가 그냥 잠이나 잘 것이지. 친구들 이야기에 홀딱 넘어가서 술집에 따라가다니……. 내가 왜 그랬지?

친구들이 술집에 가자고 했고, 나는 진짜 궁금하고 사실은 조금 설레기도 해서 따라갔다. 우리는 먼저 이미지 사진 전문점에 들어가 사진을 찍고, '부가킹즈'라는 술집으로 들어갔다. 친구들은 가자마자 소주를 먹었다. 맥주를 마실 줄 알았는데, 소주라니……. 생각보다 무지 셌다. 다행히 나는 친구들의 배려로 사이다를 소주잔에 따라 먹었다. 부대찌개와 안동찜닭을 안주로 먹었다. 친구들 중 몇 명은 취해서 정신없이 해롱해롱했다. 그 모습이 신기했다.

　사람이 술을 마시면 어떻게 저렇게 변할까? 친구들은 안주와 술을 더 시켜서 먹으면서 더욱 변해갔다. 처음에는 신기했는데, 갈수록 걱정이 되었다. 예전에는 친구들이 술을 먹고 투정을 부려도 귀여울 거 같고, 술자리에 가보면 재미있을 것 같다고 생각했다. 그런데 아니었다. 술 먹을 수 있어서 부럽다는 생각보다는 거기를 따라간 내가 한심하고 바보스러웠다. 진짜 한 번이면 충분한 경험이었다. 다시는 안 가고 싶은 생각이 굴뚝같았다.

　집에 와서 드러누우니 세상이 다 편안해졌다. 이제 나는 대학생이 된다. 자꾸 두려운 생각이 든다. 생각해보면 나는 참 겁쟁이였다. 친구 걱정, 선생님 걱정, 조퇴와 결석에 대한 걱정, 가족에 대한 걱정……. 온갖 걱정이 머릿속에 가득 찬 겁쟁이였다. 지금 생각해보면 왜 그랬는지 모르겠다. 대학교 가서는 그러지 말아야지. 자꾸 근심을 하게 될 때도 있지만, 그러지 말아야겠다.

　'오리엔테이션도 못 가는데, 소외되지는 않겠지?'

　걱정하지 말자고 생각하는 순간에도 이렇게 걱정이 끼어든다. 하지만 독수리 날개 펴듯 활기차게 생활하자. 내 몸이 이렇다고 남들보다 몇 걸음, 아니 한 걸음도 뒤처져 있지는 않을 거야. 힘차게 도전해보자. 드넓은 창공에서 날개 쳐 오르는 독수리처럼 날아오르자. 할 수 있어, 김은혜!

해피 엔딩을 꿈꾸며

 오랜만에 일기를 쓴다. 요즘은 친구들이 참 부럽다. 단지 건강하다는 것 때문에 자유로울 수 있는 친구들이 부럽다. 술 먹고 놀러 다니는 것이 부러운 게 아니라 건강해서 그럴 수 있다는 게 부럽다.

 오늘 온양권곡초등학교 동창회를 했단다. 생각보다 아이들이 많이 나왔단다. 엄마는 나가보라고 했지만, 나는 가고 싶지 않다고 했다. 솔직히 궁금했다. 아이들은 어떻게 변했을까, 누가 나왔을까, 무슨 이야기를 할까……. 하지만 아픈 모습으로 가고 싶지 않았다. 다 나으면 내가 주최해서 이용희 선생님과 같이해야지.

 요즘 다시 몸과 마음이 가라앉는다. 얼굴이 자꾸 붓고, 불면증이 생겼다. 숨이 차서 걷기가 힘들다. 천국으로 떠난 외할머니가 보고 싶다. 할머니가 아팠을 때 왜 잘해주지 못했을까? 요즘 자꾸 죄송해진다. 죄송하다고 말할 수도 없어서 아쉽다. 천국에 가면 꼭 만날 수 있었으면 좋겠다.

매일 다짐한다. 힘을 내고 이 악물고 버티자고. 죽으면 안 되겠지만, 죽을 각오로 참아보자고. 나는 잘할 수 있다고 믿는다. 사람들이 위로해도, 결국 나에게 가장 힘을 주는 건 나 자신이다. 나는 오늘도 거울을 보며 나에게 힘을 주었다.

"은혜야, 자꾸 같은 문제로 넘어지면 하나님도 짜증나실 거야. 내가 넘어지는데 하나님은 오죽하겠어. 까짓 거, 내가 왜 못해! 잘할 수 있지. 너는 강한 아이야! 당당한 사람이야! 그런 애가 고작 이 병 때문에 쓰러져? 아니야. 그러지 마."

거울 속의 내가 방긋 웃는다.

학교에 가는 길은 즐겁다. 내가 대학생이 되었다는 것 자체가 기적이니까. 나는 기적을 살고 있는 거다. 교복을 입는 대신 예쁜 옷을 골라 입고, 수업도 골라서 들을 수 있어서 좋다. 강의실에 앉아 있는 것도 설레고, 새로운 친구를 사귀는 것도 설렌다. 몸과 마음이 힘든 날도 학교에 가서 친구들과 이야기를 나누면 기분이 풀린다. 특히 영어 원어민 교수님이 나를 예뻐해 주신다. 나도 영어를 쉽고 재미있게 배울 수 있어서 좋다. 나중에 어려운 아이들을 도우러 가려면, 그 아이들에게 내 힘들었던 이야기를 전하려면, 영어가 꼭 필요하다. 열심히 배워야지.

오늘은 학교에서 돌아오다가 숨이 차서 한참 동안 벽에 기대고 서 있었다. 천국에 갈 날이 가까운 걸까? 무섭고 떨리지만, 숨이 진정되어 다시 걸으며 생각했다.

'오늘을 행복하게 살자. 내일 천국에 가더라도 오늘 이 땅을 밟으며 행복하다가 가야지. 내 병이 낫고 내가 계속 살 수 있다고 해도 오늘이 행복해야 내일도 행복하지. 우선 오늘을 소중하게 생각할 거야.'

나는 미소를 지으며 집으로 향했다. 그래, 웃는 거야. 더 크게 감사하는 거야! 이 일기의 끝은 해피 엔딩이니까! 남들보다 좋고 행복하려고 이렇게 아픈 거야. 아픔의 끝에서는 그 누구보다도 찬란할 거야.

사랑하는 나의 엄마에게

엄마, 이 꽃샘추위는 언제 끝날까? 지금 내 상태가 '꽃샘추위' 같아. 내 건강에 봄이 오기 직전에 찾아온 추위, 참 매섭고 참기 힘드네.

엄마, '아프다'라는 말보다 아픈 말은 없을 거라고 생각할 만큼 나는 무척 아프다. 아파서 발악하고 진통제가 말을 듣지 않을 만큼 아프고 나면 잠잠해지는 내 몸이 미워. 나도 모르게 울컥 화가 나. 왜 이렇게 끔찍이 힘들게 내가 아파야 하냐고 그냥 푸념이 나오고 눈물이 솟구쳐. 기도하며 눈물이 하염없이 흘렸어. 엄마 앞에서는 괜찮은 척 해보려고 그랬는데, 결국 들키고 말았네.

엄마, 고맙고 미안하고 사랑해. 내가 힘들고 아팠을 때 다시 일어설 수 있게 도움이 많이 되었어. 엄마는 내가 아플 때 같이 옆에서 안 먹고 안 잤잖아. 그러면서도 미안하다고 했잖아. 하지만 나는 오히려 엄마한테 미안한 마음을 안겨준 거 같아 도리어 미안했어. 절대 회복되지 않을 것 같은 내 마음을 옆에서 달래주면서 아픈 마음을 어루만져 주어서 고마워. 내가 엄마라면 절대 그렇게 못했을 거야. 엄마가 나를 위해 밤낮으로 기도하는 거 보면서 진짜 고마워하고 있어. 그러니까 나 때문에 아파하지 마. 엄마 말대로 내가 조금 더 힘을 내서 앞으로 나아갈게.

꽃샘추위도 금방 끝나겠지? 그럼 엄마와 데이트하고 싶다. 아주 따뜻한 날에, 손잡고 놀러가자.

하늘로 보내는 편지

하나님에게.

음……. 어떤 말을 먼저 해야 할지 잘 모르겠지만, 편지를 쓰고 싶었어요. 매번 울면서 떼쓰고, 부탁하고 그러기만 해서 조금은 잠잠하게 편지를 써보고 싶었어요. 제 기도를 들어주시는 것처럼 이 편지도 읽어주시리라 믿어요. 잘 쓸 자신은 없어요. 기도하는 것처럼 생각나는 대로 쓸지도 몰라요. 하지만 이해해주세요. 저도 모르는 제 마음이 있다는 거, 아시죠? 그럼 이해해주시리라 믿으며 쓸게요.

하나님, 솔직히 잘 모르겠어요. 눈으로는 보이지 않는 하나님을 믿는 것이요. 정말 계신 건가, 아닌 건가 헷갈릴 때도 있고요. 그런데 왠지 모를 알쏭달쏭한 감정이 저를 설레게 해요. 주저앉

왔다가도 손을 내밀면 하나님이 잡아주실 거라는 희망이 보이고, 많이 아프다가도 하나님이 치료해주실 거라는 믿음이 생겨요. 그런 감정이 들면 엄청 설레요. 그리고 사실 요즘은 그 설렘 때문에 행복해요. 그거면 되죠, 하나님?

하나님, 제가 생각해도 저 아직 변한 것이 별로 없어요. 변하려고 노력은 하는데, 그게 마음만큼 쉽지 않아요. 성질 부리지, 말 예쁘게 안 하지, 밥도 잘 안 먹지……. 하나님께서 하지 말라고 하신 걸 아직도 버리지 못했나 봐요. 사실 이것은 엄마 말이에요. 엄마가 그런 거 같아요. 하지만 제 생각에도 제가 버려야 하는 마음이 많은 거 같아요. 빨리 버려야 하는데 하나님이 도와주실 거죠? 그러면 할 수 있을 것만 같아요.

가끔은 여기까지 오게 된 것 모두 제가 하나님 말씀을 안 들어서 그런 것 같아 죄송해요. 하지만 이제는 말씀 잘 듣고, 칭찬받는 사람이 되고 싶어요. 아팠을 때 내 마음속에 하나님이 안 계셨다면 죽을 수도 있었을 거예요. 산다고 해도 우울해하며 세상에 살아가야 할 이유를 모르고 바보같이 살았겠지요. 그렇게 살다가 하늘나라에 가면 하나님이 많이 혼내실 거라는 생각이 들어요. 하지만 나는 이제 그런 은비가 아니에요. 쉽게 좋은 아이가 되지는 못해도, 긍정적인 마음을 가끔 잊고 살기는 해도 하나님을 믿고 오늘을 행복하게 사는 은혜예요. 하나님도 아시죠?

저는 알아요. 하나님의 은혜가 나한테 임하고 있다는 걸…….

그리고 우리 가족한테도 하나님의 은혜로 쨍하고 해 뜰 날이 있다는 걸……. 진짜 그렇게 믿어요.

제가 병이 나으면 하나님의 은혜를 많이 전할게요. 아니, 병이 낫지 않아도 전할게요. 하지만 나았으면 좋겠어요. 그래서 웃으면서 당당히 하나님의 은혜로 다시 사는 사람이라고 이야기할 수 있었으면 좋겠어요. 그런 날이 올 거라고 믿으며 오늘 또 행복하게 살아볼게요.

하나님은 지금처럼 은혜를 주시면 돼요. 정말 그거면 돼요. 사랑해요. 정말 많이…….

미래의 선교사
김은비 올림

어쩌면 나는

 몸이 점점 힘들어지면서, 사람들이 보고 싶다. 친구들도, 동생도, 엄마도, 아빠도……. 몸이 가까이 있든, 멀리 있든 상관없이 사랑했던 사람들이 모두 보고 싶다. 밥을 하고 있는 엄마를 보면서도, 밥상 앞에 같이 앉아 있는 동생을 보면서도, 퇴근해서 들어오는 아빠를 보면서도 보고 싶다. 내 눈 속에 모두 담아두고 싶다.

 어쩌면 나는 떠날지도 모른다. 그냥, 그런 생각이 든다. 어쩌면 나는 잊힐지도 모른다. 그냥, 그런 마음이 생긴다. 하지만 괜찮다. 내 눈 속에만 잘 담아두고, 내가 잊지 않으면 괜찮다.

 내가 떠나는 날을 상상해본다. 나는 영정 사진 안에 있겠지. 그리고 내가 사랑하는 사람들이 눈물을 쏟아내겠지. 그리고 사흘이 지나 각자 집으로 돌아가겠지. 그럼 얼른 나를 잊었으면 좋겠다.

내가 생각나서 울고, 내가 떠올라서 아픈 건 싫다. 그럼 내가 하늘에서 무척 가슴이 아플 것만 같다. 나는 천국에 갈 거고, 그곳에서는 숨이 차지도 않고 고통스럽지도 않을 거다. 좋은 집에서 편히 쉬며 행복하게 살 거다. 그런데 남겨진 사람들이 아프면, 나는 또다시 아파야 한다. 그건 정말 싫다.

나는 충분히 행복했고, 행복을 마음껏 누렸다. 정말 아파서 입술을 깨물어 피가 나도, 그것은 그냥 그때의 고통일 뿐이었다. 사람들은 거짓말이라고 할지도 모르지만, 진짜다. 고통은 고통이고, 행복은 행복이었다. 그리고 분명히 행복이 훨씬 컸다. 그러니까 나는 정말 행복했다. 내가 바라는 건 딱 두 가지다. 천국에 가는 날은 정말 잠자는 것처럼 떠났으면 좋겠고, 천국에 가고 나서는 사람들이 나 때문에 괴롭지 않았으면 좋겠다. 나는 정말 그거면 된다.

숨이 차오른다. 점점 일기를 길게 쓰는 것도, 말을 길게 하는 것도 힘이 든다. 하지만 병원에 가고 싶지는 않다. 이제는 받아들일 때가 된 거 같아, 그렇다. 노력할 만큼 했고, 이제는 운명에 맡기고 싶다.

그러니까 엄마도 받아들여줘. 엄마는 나 아픈 동안 엄마는 없고 나만 있었잖아. 나보다 많이 아프고, 나보다 많이 울고……. 그래서 마음도 갈기갈기 찢어졌지? 내가 조금이라도 다시 붙여주고 갈게. 엄마 보고 많이 웃고, 많이 행복하고 그럴게. 그러니까 많이 울지 마. 나는 엄마가 우는 게 제일 싫어. 알지?

아빠, 아빠가 힘든 거 내가 다 이해하지 못하고 갈까봐 그게 미안해. 아빠가 얼마나 열심히 일해서 얼마나 힘들게 병원비를 마련한지 나도 알아. 얼마나 힘들었으면 그렇게 많이 술을 마셨는지도 알아. 아빠 신장이 내 안에 들어와서 적응도 못해서, 다시 꺼내야 했을 때 말은 하지 않았지만, 가슴으로 많이 울었지? 못난 딸 때문에 많이 고생한 우리 아빠, 아빠의 사랑을 잊지 않을게. 절대로 까먹지 않을게.

은선아, 못된 언니를 잊어줘. 아프다고 내 마음만 알아달라고 하고, 아프다고 동생처럼 굴었던 언니를 잊고……. 아빠와 엄마가 언니 아프다고 언니만 챙기고 속상했지? 이제 언니가 가면, 네가 제일 사랑을 많이 받고, 네가 제일 예쁨을 많이 받아. 그동안 많이 미안했어. 아주 많이…….

이상하다. 마음이 솜털처럼 가볍다. 내일은 엄마와 아빠와 은선이를 실컷 봐야지. 은선이는 수학여행 갔지, 참……. 그럼 영상통화를 해야겠다. 나를 위해 기도해주신 안 집사님도 보고, 친구들도 다 봐야지. 볼 수 없으면 전화라도 해야지. 그리고 아기처럼 아빠 등에 업히고 싶다. 아빠 등이 무척 따뜻해서 잠이 잘 올 거 같아.

어쩌면 나는 떠날지도 몰라요. 잠드는 것처럼 편하게 떠나게 해주세요. 어쩌면 나는 잊힐지도 몰라요. 사람들이 나를 얼른 잊고 행복하게 해주세요. 나는 괜찮아요. 평생을 살아도 얻을 수 없을 만큼 많은 사랑을 받았고, 충분히 행복했어요. 그리고 하늘에서도 더더욱 행복하게 살 거예요. 그러니까 나는 괜찮아요. 나는 정말, 괜찮아요.

* 은혜는 이 일기를 끝으로 숨을 거두었습니다. 은혜는 이 땅에서 삶을 멈추고 떠났지만 저 하늘에서 영원히 아름답게 살고 있을 것입니다. 스무 살 그 나이만큼 예쁘게, 일기에서 보여준 그 마음만큼 행복하게, 솜사탕 같은 구름처럼 맑게 웃고 있는 은혜를 상상해봅니다.

선생님의 편지

사랑을 남기고 간 은혜에게

은혜야. 유난히도 잘 웃던 너였기에 너를 기억하면 눈웃음치며 환하게 웃는 모습이 어릿거린다. 하늘나라에서 생활은 행복하겠지? 아픔도 고통도 없으니 더없이 행복하리라 믿는다.

우리의 인연은 참 깊었지? 고등학교에서 2년 동안 담임과 제자로 같이했구나. 1학년 내내 잦은 병 치료에도 유난히 밝았고 친구도 많았던 은혜. 그때 1학년 11반이 3층이라 많이 불편했을 텐데도, 친구들이 좋아 괜찮다며 행복해하던 네 모습이 떠오른다.

은혜야. 1학년 가을 소풍 기억나니? 우리 반 친구들과 현충사 구석구석을 돌며 포즈 취하며 사진 찍고, 유난히도 재잘거리며 좋아했던 너의 모습이 잊히지 않는구나. 아마도 친구들과 수학여행을 함께하지 못하고 맞이한 소풍이라 아쉬운 마음에 친구들과도 더 재미있게 다녔던 것 같다. 그러고 나서 너는 병이 났지.

선생님은 네가 2학년 때 맞았던 스승의 날을 잊을 수가 없구나. 1학년 때 우리 반 아이들이 모두 모여 교무실 밖으로 나를 불러내

스승의 날 노래를 불러주었지. 참 행복했던 순간이었단다. 그리고 3학년 때 너를 또 만나서 좋았단다. 1학년 때 담임이 또 담임이 되었는데 싫어하지 않고 반가워해주어 고마웠단다.

어찌 이것만 고맙겠니? 3학년 때 대입 준비 하느라 힘들었을 텐데, 항상 열심히 수업 듣고 과제 내서 다른 친구들에게까지 힘을 돋아주었던 일, 가고 싶었던 학과에 두 군데나 수시에 합격해준 일, 수시 합격하고 나서 이제 대학 붙었으니까 선생님 돕고 싶다고 통계처리 도와준 일. 언제 엑셀 프그램까지 그렇게 능통하게 배웠는지 정말 기쁘게 도와주는 너의 모습을 보며 얼마나 감사했는지 모른단다.

은혜야. 3학년 축제의 하이라이트는 네가 출현한 '신불골'의 무대였다는 걸 알고 있니? 선생님은 정말 깜짝 놀랐다. 은혜가 다재다능한 줄은 알았지만, 노래에 춤까지 그렇게 잘하는지 몰랐단다. 분명 한올고등학교의 아이돌이었다. 단연 축제의 대상을 타고 인기스타가 되었고, 수능 후에는 아산시 학교별 장기자랑에 학교 대표로 나가 상도 탔잖니. 지금 생각해도 '신불골'의 무대는 정말 열광적이었다.

은혜야. 옛 기억은 여전한데, 너는 우리 곁에 없구나. 하지만 추억이 있어 다행이다. 은혜처럼 예쁜 제자를 가슴에 품을 수 있어서 선생님은 행복했단다.

재작년 5월. 긴 파마머리에 하늘하늘한 원피스를 입고 너무나도 예쁜 대학생이 되어 예은이와 함께 찾아왔지. 그날을 잊을 수가 없구나. 정말 아파 눈 밑까지 까맣게 되고 큰 눈이 쑥 들어가 조퇴시켜 달라던 네가 건강하고 멋진 여대생이 되어 찾아오니 어찌나 대견스럽고 예쁘던지 선생님들도 같이 기뻐했다. 시험 잘 봤다는 이야기, 리포트 A 받았다는 이야기, 웃으며 들려주던 대학 생활을 듣다가 아쉽게 수업 들어갔는데……. 얼마 후 하늘나라로 간 네 소식은 정말 믿을 수가 없었다.

  은혜야, 너는 나의 제자이지만 나에게 많은 것을 가르쳐주었다. 너는 그 누구보다도 따뜻한 마음으로 주위에 사랑을 주었다. 또 많은 친척과 친구의 사랑을 받았다. 너는 그곳에서도 많은 사랑 받으리라 믿는다, 하늘나라에서 마음껏 웃으며 이곳보다 행복하게 지내렴. 그리고 우리 마음속에 영원히 잊지 말고 간직하자. 나의 사랑스런 제자 은혜야. 안녕.

김금님 선생님(은혜의 고등학교 1·3학년 담임)